JN047014

正しい〝正義〟の使い方

ありえない仕事術

Impossible Hacks For Work
Ryohei Kamide

上出遼平

徳間書店

ありえない仕事術

正しい〝正義〟の使い方

ひとつだけ、どうか忘れないでほしい。
何よりも大切なのは心。
目の前の誰かの、あるいは隣の誰かの、
そして何より、あなた自身の心だということを。

〔あとがきにかえて〕より

はじめに

本当にありがたいことに、私はこれまでたくさんの出版社から「仕事術」の執筆依頼をいただいてきました。そしてあろうことか、そのすべてをお断りしてきました。幼い頃から文章を書く仕事に憧れを持っていた私にとって、その判断は常に痛みを伴うものでした。しかしどうしてもお応えすることができなかった。理由は実に簡単です。

世に出ている「仕事術」なんて嘘ばっかりじゃないか。

そう思っていたからです。様々な業界の第一人者が「仕事術」の本を出しています。しっかり読めばわかりますが、どれもこれも概《おおむ》ね同じ内容です。「本当に重要なことは書かれていない」か、あるいは「当たり前の（だけど真似できない）ことが書かれている」かのどちらかです。考えてみれば当然です。どの業界のどんなスターだって、自分の手の内をそう易々《やすやす》と明かすわけはないのです。どこの世界も弱肉強食。後進の成長に怯《おび》え、足元を掬《すく》われる恐怖に日々震えているのが実情です。むしろ、自分の地位にあぐらをかいて安心安全と高を括《くく》っている者がいるとすれば、それは平和に呆けて成長を止めた悲しき老君《ろうくん》の姿にほかなりません。外界の動きに敏感に反応し、インプットを絶やさないプロフェッショナルたちは、自分が如何《いか》に不確かな足場に立っているかを常に痛感しているはずなのです。人間はそんなに強くない。だから、「仕事術」に本当のことは書かれません。いくつか本当のことが書かれていたとしても、それで劇的に読者の何かが変わるようなことはありませんし、ましてやその著者のような輝かしいキャリアを得られる可能性もほとんどありません。皆さんの周囲を見てください。書店に平積みされている「仕事術」をいち早く買って読んでいる人が「成功」した例《ためし》がありますか？　仮に本当の秘密を書いた本がベストセラーにでもなってしまったら大変です。その著者は食い扶持《ぶち》を失うわけですから。

さらに言えば、**仮に「仕事術」に「成功」の秘密が書かれたとして、その「成功」の先に「幸せ」が待っているのか**——その点こそが本来語られるべきなのに、と私は思っていたのです。ともすれば、その「仕事術」は画一的な「成功」の形を押し付けて、「幸福」のあり方を狭めている可能性さえある。であるならばそれは、皆さんの助けになるどころか、むしろ大きな罪を犯していると言ってしかるべきだとさえ、私は思っています。

多くの「仕事術」は読者に対して「こうすればうまくいく！」と語りかけ、それによって得られる安心に金を払わせます。私はそれをほとんど詐欺《さぎ》だと思っています。病気の理由を都合よく捏造《ねつぞう》し、高い水を買わせる怪しげな宗教と変わりません。あるいは高級車や高級時計を見せびらかし「こんな暮らしができるようになるよ」と喧伝《けんでん》して若者を囲い込む情報商材屋や特殊詐欺グループの人間たちと大差ないと思うのです。だから私は「仕事術」の執筆を拒んできました。嘘つきにも犯罪者にもなりたくなかったからです。

にもかかわらず、今回このように「仕事術」という看板の下に筆をとったのには当然理由があります。本書を最後まで読んでいただければ、その真意をご理解いただけると信じています。少なくとも、本書には耳を塞《ふさ》ぎたくなるような「不都合な事実」が含まれます。見たいもの、聞きたいことだけに囲まれて生きていきたい人にとっては全くもって不愉快な話でしょう。だから、本書はたいして売れることも無いと思います。それでも構わない、と徳間書店の担当者がおっしゃってくださったことに私は心から感謝しています。金のために誠実さを犠牲にすることはしないと、私たちはそう約束したうえで、本書の制作に入りました。

さて、本書は二部構成になっています。

第一部ではまず、そもそも「仕事」とどう向き合うべきか、ということについてお話しします。果たしてそれは人生を懸けるに値するほど重要なことなのか？　競争の中に身を置くことがあなたの幸せに必要なのか？　などということにも言及します。続いて、現在会社勤めをしている方たちのために、あるいは就職することが決定しているという若者たちのために、会社員としていかに振る舞えば効果的に経験を積むことができ、なおかつ迅速に身を立てることができるか、という話をします。会社に依存せず、自分の足で立つことができるようになればこそ得られる視座が重要です。そしてさらに具体的に、多くの業種で必要とされる企画の考え方、また不特定多数の人にメッセージを伝える（＝マス・コミュニケーション）ために必要なことなどについてお話しします。加えて、「嘘」が嫌われる現代では「リアル」な表現が必要とされていることに鑑《かんが》みて、「ドキュメンタリー」の作り方についても少しだけお話しします。面映《おもはゆ》くてお伝えするのを躊躇《ためら》っていましたが、私はこれまで、ドキュメンタリー作品でいくつもの賞を受賞しています。とても誇らしいことです。テレビマンではありましたが、私のことをドキュメンタリー監督として認識している人も多いのではと、勝手ながら思っています。ですので、せっかくですからドキュメンタリーのお話を少し。ドキュメンタリー的思考法は、テレビ番組制作者に限らず、様々な場面で有用です。

第二部では、進行中のプロジェクトを制作日誌形式で紹介することで、私たち作り手がどこに向かい、何を考え、どのような選択をしながら番組を制作しているのかをお伝えしたいと考えています。

この世界には、架空の話としなければ語れないことがあります。ですからここで一つ、「仕事術」の本としてありえない注釈を付記して、本編を始めたいと思います。

＊これはフィクションです

ありえない仕事術　目次

第二部

ドキュメンタリーシリーズ『死の肖像』

第一部

そもそも「仕事」とどう向き合うべきか

〔総論〕
その成功の先に幸福は用意されているか

本書を執筆するにあたり、書店に平積みされている、つまり売れ行きの良い「ビジネス書」「仕事術」の本をいくつか手に取ってみました。タイトルはどれも魅力的です。仕事に行き詰まっている人にとっては魔法の手引きに見えるでしょう。それさえ読めば、たくさんのことが解決して、一気に道が開けそうです。もしかしたらそういうこともあるかもしれない。しかし私は思うのです。どうしてその成功を目指すことが当たり前になっているのだろう。その先に一体何が待っているのだろう、と。

ビジネスの世界は生やさしいものではありません。そこは常に、限られたパイを激しく奪い合う兵《つわもの》たちで満たされています。競合を出し抜くためにどのような戦略を持つべきか、鼻息の荒いビジネスパーソンたちが日夜しのぎを削っている世界です。それは勝つか負けるか、二四時間三六五日試され続けるコロッセオ。会社の中でも同じことが起こります。限られたポストを身内で取り合うのです。同期入社の誰かより先に出世したい、自分の企画を早く実現させたい、あるいは若手に追い抜かれるようなことだけは防ぎたい——毎朝毎朝、自らの心身に鞭打って、追い立てられるように出社している会社員は多いと思います。重要なのは、勝者がいるのであれば敗者がいるという厳然たる事実。**あなたが常に勝者の座に居続けることなどほとんど不可能**です。あなたは十中八九敗者になります。それがビジネスの世界なのです。仮にあなたが勝ち続ければ、その足跡には敗者の山を築くことになります。その先に幸福はあるでしょうか。

もちろん、惨《むご》たらしい戦争が様々な技術を産んできたように、競争は人間を先へ先へと進めます。競争が個人の成長をもたらすことにも疑いの余地はありません。加えて、一部の人間は元来、好戦的な性質を持ち合わせているとも言えるでしょう。戦場に放たれる鏑矢《かぶらや》に、あるいは流された血の匂いに武者震いする人はたくさんいます。しかし、そうでない人も大勢います。争いなんてせず、誰かを出し抜くこともせず、粛々と日々を歩んでいきたいと思う人はたくさんいる。にもかかわらず、それを良しとする空気を見つけるのは容易ではありません。どこへ行っても「勝つ」ことを求められ「成長」が見られなければ無能とされる。そんな世界ばかりです。何のために成長すべきなのか。何のために勝ち続けるのか。目的もなく鍛えられ、肥大化した筋肉の虚《むな》しさに、あなたはもう気づいているはずです。

私たちは人間です。人間は動物です。動物はただ生まれ、ただ死ぬ存在です。極端な話、成長なんてしてもしなくてもいいのです。ミミズは土に潜って、食って糞をするだけで「土壌を耕している」と誉めそやされます。ダーウィンは人生最期の日々をミミズの研究に費やしました。食って糞するだけの存在なのに。でも、それでいいのです。成長して勝たなければならないなどというのは幻想です。だいいち、勝った先に一体何があるというのでしょうか？　勝利の美酒に酔いしれる、と言います。そんなのは一夜限りのことでしょう。酔いが覚めたら次の戦に身を投じるのです。投じなければならない状況に、すでに立ってしまっているのです。

誤解しないでほしいのは、仕事なんてしなくていいんだ、と言っているわけではないということです。仕事は世界との接点とも言えます。人間は仕事によって世界と関わります。そして人間は、世界と関わらなければ生きていくことができません。だから、仕事をすること自体を否定するつもりはありません。巷間《こうかん》に流布《るふ》している借り物の、けれどなんだか絶対的に見える価値観を捨てて、自分の物差しをもって、自分が幸せを感じることができる仕事をしようと言っているのです。

「働かざる者食うべからず」なんて言います。私はこれには反対です。この言葉が容易に「稼いでいれば何をしてもいい」という突飛な価値観に結びつくから、ということではありません。単純に、「働かなければ飯食っちゃダメ」なんておかしいじゃないか、と思うのです。私たちは生まれさせていただいたわけではない。勝手に産み落とされたのです。それなのに「働かないなら飢えて死ね！」なんて横暴すぎる。働かなくても生きていける世界になっていないのであれば、その状況、システムにこそ問題があると言えるでしょう。

そして成長について。成長とは喜ばしいことです。成長そのものに喜びがあります。だから成長自体を否定する必要はありません。しかし、それが何のための成長なのか、どこへ向かっているのか、ということは考えるべきかもしれないと思っています。**人間**

に食われることを前提に、光を遮断された薄暗い地下壕で背丈だけを伸ばされるウドのようになってはいまいか。その道が確かにあなたの幸せに続いているか、それを見極めなければならないのです。

と、話は少しずれましたが、とにかく重要なのは、**自分は競争の舞台に立ち続けたいのか、と常に自問すること**です。私たちはいつの間にか、気がついた時にはコロッセオに立たされ、無慈悲な客の歓声に囲まれています。場合によってはろくな武器も与えられず、丸裸で。まず忘れるべきでないのは、血が沸くような歓声の大きさに惑わされて気がつかないけれど、その闘技場の出口は閉ざされていないということです。いつでもそこから駆け出せる。足には鎖も付けられていない。その外には豊かな土壌があって、丁寧に種を蒔《ま》き、風に耳を澄ませ、愛情を持って水を注げば日々の糧を得ることができる。現にこの世界には、そのようにして生きている人が大勢います。

というより、地球規模で見たらスーツを着込んだ鼻息荒いビジネスパーソンの方がよっぽど少数です。だからまずは、競わない道を常に頭のどこかに置いておいてほしいと思います。あなたの生きる場所はここだけではない。あなたの頭は成功者のイメージでいっぱいかもしれない。それはブランドの服を身につけ、高級な車に乗ったビジネスマンかもしれないし、あるいは見窄《みすぼ》らしい服を着てナードな雰囲気を演出しているいわゆるクリエイターかもしれない。しかし、その像と幸せとは直接結びつくものではありません。幸せを手に入れようとするから間違える。**手に入れるべきは、幸せを感じる心の方**です。そのためには、自分の心がいつどんな時に喜びを感じるか、具《つぶさ》に観察する必要があります。これを私は「欲望の整理」と呼んでいますが、これが思いのほか難しい。幼い頃から何に熱中し、どんな瞬間が嬉しかった記憶として残っているか、そういうことを棚卸してみる。夏休みの宿題で育てた朝顔が綺麗な花を咲かせた時のことが忘れられないのであれば、コツコツと世話を焼き、その成長を見ることに喜びを感じる人間なのかもしれない。であれば教育の世界や、もっと直接的に農業で暮らしを立てることも考えられる。サッカーの試合で勝ったことが最大の幸福としてインプットされているのであれば、あなたは競争やチームワークが性に合っているのかもしれない。となるとビジネスの世界はお誂《あつら》え向きとも言えるでしょう。

ことほど左様に、私は「競争の場に身を置き、勝つことこそ善」とは塵《ちり》ほども思っていません。それを絶対の価値観として掲げる人のことを少しだけ冷めた目で見ています。しかし、前述した通り、私たちはいつの間にやらその戦場に放り込まれているのが実情です。深く考えずにいれば、学校を卒業し、どこかの会社に入り、何らかの競争に巻き込まれているのが既定路線なのです。もちろん「深く考えずにいれば既定路線に乗って生きていける」という状況がいかに恵まれているか、ということに関しては議論の余地もありませんが、今回はその先の話をしようと思っているのです。小学生の時にやらされた椅子取りゲームを、大人になっても続けるのは御免だという話です。

私は今、完全にとは言わないまでも、競争の原理から距離をとって生きることができています。依頼されたら本を書き、雑誌の連載をし、企業のブランディングの相談を受け、洋服を作り、映像を作っている。誰と競うこともなく、やりたいことをやりたいようにやっている。忙しくて嫌になる時もあるけれど、やりたくないことが一つもないからストレスがない。やりたいことが多すぎててんやわんやになっている子どもと同じ状態です。なので、学校を出て、会社に入って、といういわゆる既定路線にいた私が、どのようにして今の状況を手にすることができたのか、ということが本書の核になっています。つまり、**「どうすれば仕事がうまくいくか」ということよりも「どうすれば善く生きることができるか」に主眼を置いている**ということです。そのためには、生存権を会社から自分の手に取り戻すということも必要になってくる。すなわち、自分であることを捨てずにこの世界で生きていくための力をどうやって手に入れるか、その方法を示すのが本書の目的です。

あなたは天才ではなく、奇跡は起きず、歳ばかりとる

本書は**天才に向けて書かれていません。**なぜなら私が天才ではないからそもそも書けないし、書店で仕事術の本などを手に取っている時点であなたはきっと天才ではないからです。もしかしたら意地の悪い天才が下々の者の足掻《あが》きを楽しもうと本書を読むこともあるかもしれませんが、それは一旦置いておきます。これは**凡人の凡人による凡人の**

ための仕事術です。何処かから光り輝くアイディアが降りてきて、内在していた才能が爆発的に開花し、怒濤《どとう》の如《ごと》くキャリアが築き上げられる――ということはほとんどの場合ありません。と同時に、この世界には「裏技」もありません。本当に無いんです。ごく一部の、選ばれし者かあるいは驚くべき幸運を持っている人間がアクセスできる「抜け穴」なんてものは存在しない。これほど何から何まで共有される情報化社会で、国家機密だってポロポロ漏れ出てしまうような状況で、世界のほんの一握りの人間だけに知ることが許されており、それを知ることができれば一足飛びで大金持ちになれたりスターになれたりする、というような情報はないのです。それっぽい情報はたくさんあります。そしてそれは「情報商材」と呼ばれています。そうです、つまりそれはその情報の売り手が儲けるために生み出された商品であり、買い手が得をするようにはできていないのです。

しかし、「こうすればうまくいく」という虎の巻は存在しない一方で、「最低限これをしないとどうにもならない」ということはたくさんあります。そしてそれらを意識して日々の仕事に向き合うことで、会社に生かされる状態、つまり生存権を会社に握られた弱い存在である状況から脱出することは可能です。今からその話をしていきます。

ズルはしない方がいい

ズルをしてはいけません——などと言うとまるで小学校の先生みたいですが、ところがどっこい、ズルの誘惑は大人になってからの方が多いものです。公務員や優良企業の会社員が横領で逮捕されたというニュースを見るたび「何でまたそんな割の悪いことを……」「まともに働いていれば安定した良い暮らしができようものを……」などと誰もが思うでしょう。あれこそまさに、ズルの誘惑に負けた人間の姿です。きっとバレないだろうと思って、手元の帳簿をちょっといじってみる。すると自分の財布にお金がポンと入ってくる。その味は人を虜《とりこ》にする。ズルが成功すると、脳内に報酬系の快楽物質が溢れ出る。どうしても金が必要で、というパターンはほとんどない。もはやズルをして金を手に入れること自体に夢中になって、正規の給与だけでは不当な気持ちにさえなってくる。無意識のうちに、加速度的に行動は派手になっていき、バレて、得たものとは比べ物にならない罰を受ける。それが大抵のパターンです。悲しいことに、人間は自分がバイアスに囚《とら》われていることに気づきません。外から見たら、「そんなのバレるに決まっている」と思うようなことも、自分がやっている時は「自分だけは見つからない」となぜか思い込んでしまうのです。横領は極端な例ですが、もっと小さなズルの誘惑はたくさんあり、惑わされた結果、割に合わない罰を受けている人というのがこの社会には大勢いる。その罰に本人が気づいていないことも往々にしてあります。

仕事というのは、多くの場合退屈でつまらないものです。人がやりたくないことを代わりにやることで対価を得る、というのが仕事のあり方の一つですから当たり前です。しかし、仮にその仕事を「自分がやらなくても」と疎《おろそ》かにしたとします。その結果何が起こるかと言えば、皺寄《しわよ》せが誰かのところに行くわけです。それが誰かによって遂行されなければならない業務である以上、文字通り誰かがやらなければならない。それをあなたがやらなければ、他の誰かがやるのです。それは上司かもしれないし、同僚かもしれないし、部下かもしれない。いずれにしても、共に働く仲間の負担が増えます。そしてそのことに、人は気づきます。あなたがズルをしたことによって、誰かに負担が移ったという構図を、見ている人は見ています。そうすると、「あいつズルいよな」という評価が知らず知らずのうちに固定していく。一度貼られたネガティブなレッテルというのは、剝《は》がすことが極めて難しい。それもまたこの社会の残酷な側面です。巻き返すのには恐るべき時間と労力を要します。しかし、見ている人は見ているのです。そう、翻《ひるがえ》って、もしもあなたが他の人たちがやりたがらない面倒でしんどい作業を愚直にやっていれば、それもまた誰かが見ている。その信頼は着実に積み上がっていきます。そしてそれは段々と「あいつに任せれば責任感を持ってやり切るに違いない」という評価に繫《つな》がります。会社員であればその時が――いえ、その時だけがチャンスです。**結局のところ、組織の中で力を発揮する機会を得て、独り立ちする脚力をつけるにはそれが何よりの近道**なのです。目の前の作業をしっかりとこなすこと。それがまずは肝要です。

そうは言っても、退屈なものは退屈です。あなたは「こんな仕事、誰か他の暇な奴がやったらいい」なんて思うかもしれない。しかし、他人の忙しさに思いを巡らせることさえできなくなり、自分こそが最も忙しいのだと思い始めたら手遅れです（多くの若者がそうなりがちです）。そうなる前に、あなたが思う「雑魚《ざこ》作業」をこなすためのマインドセットが必要になります。それをお教えしましょう。

無駄なものなど存在しない

この世界の数限られた真実のうちの一つに、「無駄なものなど原理的に存在し得ない」ということがあります。反論したくなる気持ちもわかります。周りを見渡せば無駄に見えるもので溢れている。そもそも自分の存在こそが無駄ではなかろうか——そう思う気持ちもわかります。この世界のすべての事象は原因に紐づけられた結果である、と言っているわけではありません。その辺りの議論は一生費やしても足りないくらいややこしいので哲学の方々にお譲りします。私がここで言いたいのは、この社会生活において、ありとあらゆる行動はなんらかの「結果」をもたらすという点です。先輩に無理やり押し付けられた合コンのレシートの精算処理でさえ、少なからぬ結果をもたらすのです。その結果をどう受け取るか、そこが重要です。

結論をお伝えします。

今あなたに与えられている役割が「自分でなくてもいいのに」と思えてしまうようなものであればあるほど、つまりその作業が無駄であると感じられれば感じられるほど、あなたは幸運な状況にあると言えます。なぜならそれは、それこそ最高に割りの良い修行だからです。私は自分の経験則から、これを確信しています。

会社員として艱難辛苦《かんなんしんく》に耐え抜いて、それなりにスキルを身につけ、信頼を得られるようになってくれれば、いつかチャンスが訪れる。そのチャンスをあなたは絶対にものにしなければならない。これまでの知識も人脈もフルに活用してフィールドに立つでしょう。そこで最後の最後、あなたを救うものは何か。それは「忍耐力」です。馬鹿みたいな話ですが、**ありとあらゆる仕事において、成否を分けるのは結局のところ忍耐力**なのです。どんな技術を持っていても、締め切りのギリギリまでそのクオリティを上げる忍耐力を持てるかどうか。踏ん張り切れるかどうか。それまで培《つちか》ってきたものを生かすも殺すも、その培ってきたものをどれだけ駆動し続けることができるかに、最後はかかってくる。さらに言えば、幸運なことに一つ目のチャンスで成果を上げたとします。するとすぐに二度目が来る。なんとか踏ん張って二度目でもうまくいく。すると三度目、そして四度目——。何かを達成すればするほどやってくるチャンスは増え、そのスピードは増し、要求されるレベルも上がってくる。それをものにし続ける必要がある。想像を絶する忍耐が求められます。そして忍耐が切れた時点で、成功の連鎖は止まる。一度落ちた「没落者」が這《は》い上がるのは至難の業。これもまた、社会の残酷な一面です。「終わった人」という烙印《らくいん》は皮膚の奥深くまで焼き付けられてしまう。隠すこともできない。**だからなるべく早いうちに、あなたの望む成功を（もちろん誰かに押し付けられた成功ではなく）摑《つか》む前に、心を鍛えておかなければなりません。**あなたが今向き合っている「雑魚作業」こそ、あなたが今後絶対に必要とする力を授けてくれるのです。

あまり知られていませんが、心は筋肉でできています。半分嘘で、半分本当です。スポーツばかりやってきて頭を使わない（そんなわけない）人が「脳筋（脳まで筋肉）」と揶揄《やゆ》されるらしいですが、脳がガッチリ鍛えられた状況は実際かなり強い。良くも悪くもこの資本主義社会では有能な戦力となるでしょう。

さて、重要なのは「心は鍛えられる」という点です。反復運動で負荷をかけ、筋繊維を太くしていくように、心も太く強くすることができます。そして同様に、過剰なトレーニングが筋肉を損傷させてしまうように、精神的な負荷が上限を超えれば心を壊してしまうことにもなりかねない。その見極めは非常に困難です。自分では気づかないうちに限界をはるかに超えている（「はるかに」というのが重要です。少しだけ限界を超えていくことこそトレーニングの本質だからです）ということがしばしばあります。願わくは客観的に自分のことを見てくれる人がいてほしいところです。その人が「それ以上頑張ったら壊れちゃうよ」と言ったらドクターストップ。休暇を取るなり上司に無断で旅に出るなり、とにかくそこから逃げ出しましょう。ラッキーなことに、逃亡者がいきなり撃ち殺されるほどには、この世界は残酷ではありません。事実、私も入社半年ほど経った時に突然限界を感じ、東京タワーの足元にあった編集所から逃げ出し新幹線に飛び乗って京都に行ったことがあります。京都の石畳を歩いている時にやけに足裏が痛いなと思って見下ろすと、編集所のペラペラのスリッパのままだったのに驚いたりもしました。本当に限界だったのだろうなと今は思います。ちなみに、真夏だったのに革ジャンを着ていたので、体温調節もままならなくなっていたのでしょう。しかし、そんな状態からなんとか復活して今があります。どうにかなるものです。

すべての原因は睡眠不足にある

さて、タフな心を作るためにもう一つ重要なことをお伝えします。**「寝ろ」**です。とにかく寝ること。これは絶対に軽視してほしくないと思っています。

筋肉に休息が必要なように、心にも休息が必要です。時にそれは映画を観たり、本を読んだり、旅に出たりといったいわゆるレクリエーションによって達成されることもあるでしょう（映画も本も旅も、レクリエーションの範疇《はんちゅう》を超えるものは存在します。レクリエーションの概念については後述します）。

しかしそのレクリエーションも、基本的には十分な睡眠が取れたうえでするべきです。ここで、「八時間は眠りましょう」というようなことは言えません。当たり前ですが、人によって必要な睡眠時間には差があるからです。一日六時間眠れば十分な人もいれば、八時間寝ても少し足りない、という人もいます。社会に出ると、本当にたくさんの人と関わります。不機嫌な人は、大体睡眠不足です。これは結構本当です。自分のことを振り返っても、やはりミスをしたり、人に強く当たってしまったりしたのは大体睡眠不足の時でした。経験を積めば積むほど、十分な睡眠を取ることの重要性に気づくのです。

そうは言っても、与えられるミッションが過剰で、それを勤務時間内にこなせるスキルなど到底持ち合わせておらず、必然的に睡眠不足に陥っていく、ということはままあります。どう工夫しても十分な睡眠時間が取れず、苛立ち、ミスが増え、また苛立って……。そんな負のループに陥ることもいくらだってあります。その時はこう考えましょう。

「すべての原因は睡眠不足にある」

大体のことは眠れば解決します。なので、安心して睡眠不足を乗りこなしてください。いつかぐっすり眠れるタイミングが来れば、目の前の様々なこと、特に自分の能力に起因して起こっていると思われる諸々の不具合は起こらなくなります。原因は明確に睡眠不足なのです。寝れば解決する、と思えば、しばらく眠らなくても大丈夫です。逆説的ではありますが。

ちなみに、この章でお話ししたことは、**仕事術界隈で「レジリエンス」というほんのりかっこいい横文字で説明される概念を概ね包括しています。**かっこいい言葉で表現しようが、「修行だ」とか「寝ろ」とかアホみたいな言葉で説明しようが中身は同じです。まとめます。目の前の作業が無駄に感じられれば感じられるほど、その修行の純度は高まっていきます。あなたは現代のシシュフォス。山に岩を持ち上げ続けるべきなのです。そして、眠れる時はぐっすり眠りましょう。ストレス発散に同期を連れて飲みに行く必要はないのです。

せっかくなので、次に「飲み」のことを少しお話ししましょう。

「飲み」は控えよう

大変な仕事をやり遂げた夜、同僚たちと会社を飛び出し、駆け込んだ居酒屋で傾けるビールやハイボールの美味しさたるや、この世のどんな液体よりも尊い気さえする。よくわかります。しかし、残念ながらほどほどにするべきなのです。なぜなら、**同じもの**

を見ている者からは、同じアイディアしか生まれないからです。1×1＝1なのです。

この話をするにあたって、まずは「クリエイティブ」という言葉にまつわる誤った認識を解きたいと思います。

この十年ほどの間に、「クリエイティブ」あるいは「クリエイター」という言葉が異常繁殖しました。猫も杓子《しゃくし》も、どこもかしこもクリエイターを求めています。就職活動をした人ならご存じかと思いますが、「クリエイティブ職」などというジャンルさえ確立されています。この「クリエイティブ職」が何を指しているかと言えば、私がやってきたようなテレビ番組制作や、新聞、雑誌、あるいは種々の広告制作が主で、仮にテレビ局内であっても営業職や宣伝職は「クリエイティブ」に含まれていません。

しかし、そんなはずはないのです。

すべての仕事は「創造性」つまり「クリエイティビティ」を要求します。逆に言えば、あなたがもし「私は営業職だからクリエイティブである必要はない」などと思っているのであれば、そこに大きな間違いがある。あらゆる仕事はクリエイティブであるべきです。それはあなたの仕事の成績のためでもあり、あなたの心のためでもあり、収入のためでもあり、豊かな人生のために必要なのです。**社会になんらかの価値を、それがどれだけ小さく弱々しかろうが、一欠片《かけら》の価値を生み出すことこそが仕事であり、人はそれに対価を支払う**のです。あなたの業務の中に、誰かと会話することが含まれているのであれば、そこには紛れもなくクリエイティブの余地があります。ベルトコンベアを流れてくるコッペパンにひたすら焼きそばを挟み続ける仕事にも、クリエイティブの余地があります。むしろ、その一見退屈極まりない作業を豊かな時間に転換することができるとすれば、それはクリエイティビティによる以外あり得ないとさえ言えるのです。この辺りのことは、ナチス政権下のユダヤ人収容施設の様子が克明に描写された名著『夜と霧』に詳しいので、興味のある人は是非これを読んでみてください。

さて、あらゆる職業が「クリエイティブ職」であり、あらゆる職業人が「クリエイター」であるべきだとしたうえで、「同僚と飲みに行くのはほどほどにしよう」というのが本節の主題です。

仕事の仲間と労《ねぎら》い合うのは、端的に言って癒しのためです。これを「レクリエイション（Re-Creation）」と呼びます。「Re」が付いています。これは**つまり「再生産」ある**

いは「回復」であって、「創造」とは異なります。飲み始めた最初の三十分は、もしかしたら有意義な反省や今後の展望についての話になるかもしれません。しかし、その後の三時間は大体が社内のゴシップや誰かの愚痴なんかに費やされるものです（違ったらすいません。私の周囲ではそうでした）。その時間は互いの認識や考え方に相違が無いことを確認する作業にほかなりません。誤解を恐れず言えば、**共同体が裏切り者を出さない（あるいは裏切りの芽を摘む）ための儀式**なのです。この儀式が繰り返されれば、その共同体から異質なアイディアは生まれ難くなります。あなた個人の成果のみならず、チーム全体の競争力、生存確率を漸減させることになるのです。

また、あなたの職がクリエイティビティを要求される以上、あなたは常に新たな視点、考え方、態度、手法などに触れていなければなりません。同じものを見ている者たちからは同じものしか生まれない。やはりあなたはあなたの同僚と同じアイディアしか生めなくなってしまう。それはあなたにとっても、チームにとっても不幸なことなのです。

しかし、たまには酒を飲みに行きたい。そんな時はどうするか。

仕事の仲間以外と飲みに行けばいいのです。

自分とは全く異なる業界の友人がいればそんな人と行くのもいいでしょう。近所のバーに飛び込んでみてもいいかもしれません。足を動かせば出会いはどこにでも転がっています。そこで話されることは、もしかしたら低俗なゴシップかもしれない。しかし、全く違う世界の住人が放つゴシップには、自分と違う価値観や制度、風習が反映されます。あなたの世界はその都度広がる。そこで得た知見や人脈は、間違いなくあなたの仕事を助けることになります。正直言って、私はテレビ局に勤めている時、同僚と飲みに行くことはほとんどありませんでした。飲みに行きたくなったら、ひょんなことから辿《たど》り着いたスナックに一人で行ってばかりいました。そして驚くべきことにそれから数年経った時、自分で番組を持つようになるとそのスナックで出会った人たちが強力なチームになっていたのです。アニメーターや放送作家に始まり、制作予算を出してくれるスポンサー企業まで、酒の席で出会った人たちばかりでした。酔って管を巻く、一見どうしようもなさそうなおじさんが、翌朝にはびしっとしたスーツを着たビジネスマンだったりするから面白いものです。

一方で、その出会いにあなたは傷つけられるかもしれません。たまたま出会った胡散《うさん》臭《くさ》そうなおじさんに比べて、自分の話が面白くないことにゾッとする時もある。たまたま居合わせた退屈そうな異性（あるいは同性）を楽しませられなかった自分のつまらなさに、吐き気を催すかもしれない。ありとあらゆる失敗が待っています。そしてそのすべてがあなたを成長させてくれるのです。**安心できる関係や環境では与えてもらえない傷を得ること、それが何よりも重要**です。

この社会で活躍している人と一度でも話をしてみればわかります。皆信じられないほど傷だらけです。ほとんどが北斗の拳のケンシロウみたいに傷跡塗《まみ》れなのです。長く闘えば闘うほど傷は増える。幾つになろうと、成長を欲する人間は傷つくことを厭《いと》わない。そして重要なのは、その戦いが、世界の平和に向けられている必要があるということ。傷だらけになっても生き残り、立ち上がり続ける猛者《もさ》たちは意外なことに、極めて善良な精神性の上に立っている。目の前の利益を得るために、多少のズルをしても構わないと考えている人間の寿命の短さを、一部の大人は知っています。そのことについて、次に少しだけお話しします。

その仕事は結局、誰のためになされるべきなのか

あなたが今向き合っている仕事は結局、一体誰のための、何のためのものなのか。その仕事を通して、あなたは世界にどうなってほしいと願っているのか。あまりにもお利口そうな問いかけで興醒《きょうざ》めするかもしれません。しかし、この命題が重要だということは、実のところ至極当たり前の事実なのです。

一つ、卑近《ひきん》な例を挙げましょう。テレビ局の話です。あくまで聞いた話ということにしておきたいと思います。

テレビ番組の成り立ちにはいくつかのパターンがあります。局によって状況は違いますが、概ね以下の通りです。

一つは最も一般的なルートで、「編成枠」と呼ばれます。まず番組を制作する制作部の社員や外部のディレクター、放送作家などが知恵を絞って企画を考える。この企画書が、番組のラインナップを決める編成部の社員たちによって篩《ふるい》にかけられ、空いた枠を

埋める次の番組が決定される。放送する番組が決定されれば、制作部が番組制作を始め、同時に営業部がスポンサーとなる企業を集め始める。番組が完成し、放送する段では既にスポンサー企業が決定し、制作予算と会社の利益分が確保されているというのが基本的な流れです（今はこれさえ難しくなりつつありますが）。

そしてもう一つ、「営業枠」というパターンがあります。これは番組立案の出発点が「編成枠」と異なります。「営業枠」では枠やアイディアに先立って、「番組にお金を出したい」というスポンサー企業が存在します。営業部はスポンサー企業の要請を受けて、制作部にアイディアを募り、同時に編成部との折衝《せっしょう》を経て枠を確保。制作部の人間は、スポンサー企業の意向を汲《く》みつつ、自分たちの思う「面白い番組」を企画する。さて、お気づきの方も多いかもしれませんが、この辺りから間違いが生じ始めるのです。説明しましょう。

テレビ番組は誰に向けて作られるのか――と聞かれれば、どれだけ奇天烈《きてれつ》な人でも「視聴者」に向けて作られると答えるでしょう。当たり前です。テレビ番組は視聴者のためにある。視聴者に有益な情報（もちろん「お得情報」ということに限らず、世界を知るのに必要な情報）や発見、笑い、関心、安心、感動などを届けるためにテレビ番組は作られます。ひいてはそれが社会のためになっているということが、テレビの存在意義を担保しています。その大前提の下に、テレビ局は総務省から貴重な電波を与えられているのです。言わずもがな、自局の利益だけを考えて番組作りをするようなテレビ局に電波を渡しておく必要はありません。それは国民にとっての損失だからです。

さて、テレビ番組は視聴者に向けて作られるべきですが、「営業枠」の番組においてはそうではなくなってしまうことがままあります。それがテレビの病の一つ「スポンサー第一主義」です。

もちろん、制作費や社員の給料を出してくれるスポンサー企業はとても重要な存在です。彼らを満足させることは命題の一つとなるでしょう。しかし、喜ばせるべきはどこまでいっても視聴者なのです。ここを誤り、番組の制作過程でスポンサーを喜ばせるための選択をしてしまうことがある。番組制作は選択の連続です。そのたびにスポンサーの意向に沿うように、もっと悪い時にはスポンサーへの忖度《そんたく》によって選択をしてしまう。

その結果何が生まれるかと言えば、「視聴者が楽しめず、視聴者のためにもならない番組」です。

当然ながら、そんな番組が高い視聴率を取るわけはありません。もちろん、その結果はスポンサーにとっても残念なものでしょう。ここでタチが悪いのは、制作部はその結果を予見しているという点です。制作にあたっているのは番組制作のプロです。スポンサー企業の意向に沿った選択をするたび、「これじゃあ数字取れないんだよな」と思っているのです。それでも目の前の金主《キンシュ》の顔色の方が重要になってしまい、最終的には誰の得にもならない結果になる。全くもってナンセンスな話ですが、テレビ局では笑ってしまうほど頻発しています。

本来的に、その仕事はなぜこの世界に存在しているのか。その仕事は誰のためになされるものなのか。そしてその仕事を通じてどんな世界が実現されるべきなのか。それを見失うとろくなことにならない。そしてそういうことはあらゆる場面で生じている。

「手段の目的化」という言葉は耳にしたことがあるでしょう。例えば「良い大学に入る」ことが目標になってしまった学生。その大学で何を学びたいのか、それを学んだ先でどんな人生を歩んでいきたいのか、それが無い以上、せっかく手にした「良い大学」

での日々は不毛なものとなってしまう。似たような話です。色々なことで手一杯になればなるほど、認識できる時間的スパンも空間的スパンも縮小していく。目の前数センチしか見えなくなれば、その一歩先で待っている大きな落とし穴に気づくことはできません。

世界に目を向ければ、もっと大きなスケールで同様の現象が起こっていることに気づくでしょう。目の前の利益のために、患者を麻薬中毒に陥れる危険な鎮痛薬を販売したアメリカの製薬会社が、九千億円近い賠償金を支払うように命ぜられたのも最近のことです。ご存じない方は「アメリカ・オピオイドクライシス」「パーデュー・ファーマ」などの言葉を調べてみてください。とにかく、製薬会社のなすべきことは、一にも二にも患者の健康に寄与すること。それ以上でも以下でもありません。それを忘れ、患者の健康を害してでも金を手に入れようとした結果、挽回不能な罰を受けることになったのです。

自分のやっている仕事は誰のために、何のためになされるべきかを忘れてはならない、ということ。そして、その先に実現される善き社会を想像しよう、ということです。**Do the right thing――善きことをしよう、真っ当なことをしよう。**本来であればわざわざ掲げる必要もないようなスローガン。しかし、人間は恐ろしく脆《もろ》く、恥ずかしいほどに弱い。Do the right thing。目に付く場所に張り出しておいてもいいくらいです。

また、現在の日本ではまだ意識される局面が少ないように感じますが、例えばアメリカに目を向ければ、企業が社会正義の実現に貢献しようとすることは最低限のマナーとなっています。同時に、アートでも、ファッションでも、音楽でも、残存する不正義に対峙《たいじ》する姿勢や、公正な世界の実現を目指す態度は必須条件であり、そうでないものは応援されません。中にはお為ごかしの透けて見える企業キャンペーンが目に付くこともありますが、それでも社会が抱える課題に知らぬ存ぜぬを貫くよりは幾分マシと言えるでしょう。

以上のことを仕事術的言葉に変換すればこうなります。

「コスパを重視するのであれば、善きことをせよ」

兎にも角にも、善きことをしようと努めれば努めるほど、ビジネスはうまくいく。それがこの世界の仕組みだということです。長期的な視野を持てば持つほど、その事実は確実性をもって感じられます。逆に言えば、短期的な視野しか持てない人にとっては依然としてズルの効能が魅力的に見えてしまうというのが悲しいところです。

そして本節の最後に、蛇足だとは知りながら一つ付記したいことがあります。

それは、善き社会とは様々であるということ。人によって理想とする社会の形は違います。宗教や価値観によって、求める善は変わる。ある人にとってのユートピアは、別の誰かにとってのディストピアなのです。当然、ある人にとってのディストピアは、別の誰かにとってのユートピアです。ここで肝要なのは、万人にとっての善なる社会を目指さなければならない、と思う必要は無いということです。もちろん、そんな社会が存在するのであれば目指すべきですが、そう簡単には見つからない。だからまず、あなたが理想とする世界を目指してください。もしかしたらそれは、あなたの目の前の大切な人ひとりが幸福に暮らしていける世界かもしれない。それで構いません。この世界は、そういった小さくごく個人的な善の積み重ねで少しずつ善くなっていくのだと、私は信じています。

◆

ここからは具体性を上げて、私がテレビの世界で培ってきた具体的な「マス・コミュニケーション」の話をしてみたいと思います。そうは言っても、「マスコミ業界」の人間に向けて話をしようというのではありません。本書はあくまで仕事人全般に向けられた「仕事術」であるべきですから、あなたがどのような職域、立場におられようが参考にできる話になるよう留意します。会社に依存することなく、自分の足で立って生きていくのに有用な部分だけを抽出してお話しするつもりです。

前提として、**「マス・コミュニケーション」とはつまり、不特定多数者に向けて何らかの情報を届けること**です。優秀なマスメディアの担い手とはつまり、伝えたいこと、あるいは伝えなければならないことを、喜びや悲しみやその他の刺激を用いて、能《あた》う限り多くの人に、事故なく届ける職人のこと。そこで培われる知見は当然ながら、その他様々な業界業種に応用できます。メーカーで言えば、企画書の書き方から商品の開発、キャッチコピーの制作や広告の打ち方に至るまで、すべてのフェーズで「マス・コミュニケーション」の知見が活かせるのです。もちろん、あなたがYouTubeチャンネルを立ち上げようとしているのであれば、本論は直接的な指南書にさえなるでしょう。

〔各論〕
「世界は私に興味を持っていない」から始めよう

ここ数年、本当に様々な企業から相談を受けました。とてもありがたいことです。中でも飛び抜けて多いのが、YouTubeチャンネルを立ち上げたはいいものの、チャンネル登録者数も再生回数も全く伸びない、どうしたらいいだろうか、というもの。気持ちはよくわかります。今は誰も彼もがYouTubeチャンネルを持つ時代。同業他社が一足先に立ち上げたチャンネルが好調なのを横目に見て焦ってしまうのも当然でしょう。そしてそういった相談者が「なぜ誰も見てくれないのだろう」と首を傾《かし》げるその動画を見て、私はもっと首を傾げることになるのです。「どうしてこれを見てもらえると思っているのだろう？」と。

最大の問題は、そういった動画のほとんどすべてが「面白い前提」になっていること。例えば「魅力的な商品の話をしているのだから、過不足なく説明すれば皆が見てくれる」という態度が透けて見えている。あるいは「うちの社長のチャーミングなところが出ている貴重な映像なのだから、皆が見てくれる」という驕《おご》りが匂ってくる。それらはすべて幻想です。皆さんがまず認識しなければならないのは、この国境なきコンテンツの世界は刺激と誘惑の濁流そのものであるということ。あなたがアップロードするその動画は、猛烈な速度で流れ行く茶色く濁った水流に浮かぶ一枚の落ち葉なのです。**注意を向ける人など、そもそも一人としていない。あなたにも、あなたの商品にも、ましてや社長になんて、世界は一切興味を持っていない。そのカメラが捉えているものは、元来全くもって面白味のないもの**なのです。そう認識することから、マス・コミュニケーションとしての動画作りはスタートする。親族内で共有する子どもの動画とはそこが明確に異なるのです。

では、何ができるのか。

ここで、近年逆風吹き荒ぶ中しぶとく生き残る「マスコミ」という概念が立ち上がってくるのです。

実際のところ、携帯電話は高性能なカメラを備え、高画質なビデオの撮影自体は簡単すぎるほど簡単になりました。一瞬で人の興味を引きつける衝撃映像を撮ることができれば、SNSに放るだけで野火のように広がることでしょう。しかし、撮れる映像の九割九分は衝撃映像ではありません。衝撃映像を量産しようとしても不可能です。なぜなら「衝撃映像」という言葉が既に希少性を含んでいるからです（例外として、映像のために人を殺す「スナッフフィルム」という醜悪極まる形態も存在しますが、当然ここでは除外して話を進めます）。そして衝撃映像という飛び道具を除外すれば、たとえ一分であっても、誰かに動画を見てもらうのは至難の業なのです。いえ、仮に衝撃映像であっても一分となると長く感じ始めることでしょう。そして「テレビ」の実態とは、ここをどう克服するか、という命題を七十年間考え続けた人間たちの集まりなのです。

テレビの前の視聴者とは何の接点もないどこかのお店の何かの商品に、いかにして興味を持ってもらうか。そして三分、五分、十分とその視線を画面に釘付けにし、いかにしてストーリーを伝えられるか。そればかりを追求してきたのが私たちテレビマンの正体です。それが危険なほどに強力だからこそ、プロパガンダに利用されてしまうとも言えるのです。

ですので、ほんの少しだけ、マス・コミュニケーション的映像制作の考え方についてお話しします。

入口は欲望によって開かれる

人間は欲望によって動きます。欲望によって動かされていると言ってもいいでしょう。

だから、私たちは欲望を利用します。人間の欲望を真摯《しんし》に見つめないで成立する商売は基本的にはありません。ではここで、マス・コミュニケーションにおける欲望の利用法について考えてみましょう。

人間には様々な欲望があります。例えばポルノと言われるものは性欲に訴求し、人を強く惹きつけます。同様に、食欲を刺激するものは一般的に「グルメ○○」として親しまれ、いつの時代も衰えることのない不動の人気ジャンルとして君臨しています。人間の欲求を直接的に刺激する、オモテのグルメとウラのポルノ、といったところでしょうか。なお、一般的に三大欲求とされるものの最後の一つ、睡眠欲に訴求できるコミュニケーション領域のコンテンツは未だ見たことがありません。何せ眠い人は何かを見たり聞いたり読んだりする前に寝たいので、訴求のしようがないのです（と思っているところに落とし穴があって、実はここにブレイクスルーが潜んでいる、ということは十分あり得ますが）。

では、私たちはポルノかグルメに頼らざるを得ないのか、と言えばそんなことはありません。人間には三大欲求以外にも様々な欲望があるのです。（また、ポルノやグルメの要素を上手く、それとなく利用するという方法もあります）。魅力的なコンテンツ制作、コミュニケーション設計の出発点は、偏に欲望の発見にかかっているとも言えるのです。

自分の話ばかりするのも憚《はばか》られるので、会社員時代の直属の先輩の話をしたいと思います。ヒロキさんと私が呼んでいるこの先輩は、「深夜の駅前で最終列車を逃した人に声をかけ、タクシー代を出す代わりに家までついて行かせてもらう」という常軌を逸した番組を考案、実現し、局の超人気企画に成長させた後、色々あって私の一年後に退社した人物です。番組もさることながら、人として常識の範疇《はんちゅう》に片足さえもつっこめていないような人なのですが、この「深夜の駅前で最終列車を逃した人に声をかけ、タクシー代を出す代わりに家までついて行かせてもらう」番組の企画的鮮やかさがあまりにもずば抜けているので、どうしてもこの話をしたいのです。

なぜこんな番組を考えついたのか、と問えば、彼は「人妻を見たかったから」と答えます。彼は深夜の人妻が見たくて仕方がなかった。それで、まず彼は『奥さん見せてください』という企画書を書き上げます。お気づきの通り、端的に性欲によって書かれた企画書です。この企画書の後半には「シンプルかつ淫靡《いんび》な人妻カタログが誕生します!」と元気いっぱい記載されています。正気の沙汰とは思えません。当然この企画書は編成部によって一蹴されました。

しかし彼は諦めません。彼はどうしても人妻をその目で見たいのです。見せたいのです。彼がすごかったのはここからです。まず、企画の弱点を分析しました。第一に、想定できる視聴者が男性だけになってしまっていること。それはつまり、市場を自ら半分に絞ってしまっていることにほかなりません。マス・コミュニケーションとしては大きなディスアドバンテージとなります。次に、視聴者の性欲ばかりに訴えかける番組になってしまっていること。倫理的側面から容認することは難しく、またスポンサー企業を集めることも困難です。そこで彼は、今一度自分の欲望に立ち返ります。自分が本当に見たいものは何なのか——「誰でもない人の、深夜の無防備なプライベート」を見たいのだ、ということに思い至るのです。ここでは、性欲に対する訴求力が減少した分を、衣食住の「住」に対する欲求で賄おうと考えています。不動産紹介番組がいつの時代にもあるように、人は他人の住まいに興味を持つ。そこを利用しました。この辺りのことは、本人の著書に詳しく書かれているので是非探して読んでみてください。

加えて言えば、この番組には細かなところにも種々の「欲望」が配置されています。まず、「終電を逃した人」が入口であることがあまりにも秀逸です。終電を逃して駅前で途方に暮れている人というのは大半が酔い潰れています。終電を逃すほど酔い潰れるには相応の理由があるわけです。そしてその様には哀れさが伴います。ここでまず、「自分より哀れな人を見たい」という視聴者の欲望に訴求しています。噛《か》み砕けば、「安心したい」という欲に訴えている。自分は世界で一番不幸な存在ではないのだ、ということを人は確認したいのです。

私たちは皆不安です。さらにこの時代にあっては、人の幸福は相対的だと認識せざるを得ない状況に追い込まれます。つまり、「あの人に比べて私は幸せ」「あの人に比べて私は不幸」という、他者を物差しとしての幸不幸を絶えずジャッジしているのが現代人と言えるでしょう。その世界において、テレビ画面を通して哀れそうな人を見るのは癒しになる。グロテスクではありますが、一つの事実です。

しかしながら、この番組がもう一つ秀逸なのは、哀れに見えた人が、哀れなままでは終わらない、という点です。ここに、「裏切られ」に対する欲望が訴求されます。人は「驚きたい」という独特な欲望を持っています。この番組における「駅前で酔い潰れた人」という入口は、人を驚かせるのに実に効果的な前振り、レッテル貼り、ハードル下げを実現する装置となっています。例えば、赤ら顔で呂律《ろれつ》も回らなくなって駅前で座り込んでいる女性に声をかける。視聴者はこの段階で「これはさぞろくでもない、だらしのない人間の様が見られるんだな」と期待します。さらに言えば、番組の構造上「タクシー代程度でプライバシーを売らざるを得ないほどに困窮しているのかもしれない」という哀れみ目線の足し算も行われる。そして家に辿り着き見る光景に、視聴者は目を見張るのです。例えばその酔い潰れていた女性は、体の不自由な家族の生活を一人で支えている。早朝から家事をこなし、夜遅くまで働き、また朝から家事に全力を注ぐ。その束の間の癒しのために飲んだ酒が、たまたま彼女を深夜の駅前に置き去りにした。それだけのことだったと知った時、初めはろくでなしを見て安心したかったはずの視聴者は、自分の日々のだらしなさこそを思い起こし、身につまされ、彼女を応援し、自分もまた頑張ろうと思える――そういう構造になっているのです。あまりにも鮮やかです。グロテスクな人間の欲望を上手く利用し、ひっくり返して回収する。この局が発明した番組の中でも、この構造は群を抜いて美しいと私は思います。

ヒロキさんはこの番組の成立過程について話をする時、「自分の欲望を大切にしろ」とよく言います。そうです、この番組はヒロキさんの「人妻を見たい」という欲望を出発点にしているのです。この番組が辿った経緯はそのまま、ヒロキさんの欲望実現の経緯にほかなりません。だから頑張れる、ということもさることながら、重要なのは**「いかにニッチに思える自分の欲望でも、誰かが同じ欲望を抱いている」**ということ。

未だコンテンツ化されていない欲望が自分の中にあれば、それは大きなチャンスです。あるいはあなたの周囲に妙な欲望を持っている人がいるのであればそれもチャンス。**映像コンテンツに限りません。あらゆる商売の原点はここにあります。**

他者の欲望を知りたい欲望

さて、ここまでは欲望を利用することがいかに大切か、ということを説明するために少し極端な例を挙げてきました。ここからはもう少し一般に使用できる範疇について話をしてみたいと思います。

例えば、あなたの家の近くでも、職場の近くでも、旅先でも構いません。ふと行列が目に飛び込んできたら、あなたはどんな反応を示すでしょう。最後尾の人に「何を待っているんですか?」と聞くでしょうか。それとも一番前の人の横を通り過ぎながら、その先に何があるのか横目に見ようとするでしょうか。あるいはSNSで街の名前と「行列」と打ち込んで検索するでしょうか。はたまた、自らその一番後ろに並んでみるでしょうか。

私なら、まずは検索します。検索しても出てこなければ、親切そうな人を見極めて話しかけてみます。いずれにしても、行列に並ぶのはまっぴら御免です。ディズニーランドに行った記憶も無いので、行列に並ぶということを人生で一度も経験せずに済むかもしれないとさえ思っています。しかし、気になるのです。自分には並ぶつもりなど毛頭ないのに、気になってしまう。彼や彼女が、貴重な時間を捨ててまで欲しいものとは何なのか。並ぶという端的な苦行に耐えてまで手に入れたいものとは何なのか。それを知りたくなってしまう。つまり、人間は、他人の欲望を知りたいという欲望を持っているのです。テレビ番組が何でもかんでもランキング形式にしようとしたり、何かを取り扱うにあたってどんなことでもいいから「ナンバーワン」にできるように工夫を凝らしたりするのはそのためです。「みんなが欲しがっているもの」に価値がある、というのがマス・コミュニケーションにおける定説の一つであり、それは概ね事実だと言って間違い無いでしょう。「多くの人が求めているものである」という物言いは、自分の物差しを持つことが得意でない日本人に対してとりわけ大きな効果を発揮します。

これは「有名人」のレトリックと似た仕組みを持っています。人々は「有名人」のことが好きです。その「有名人」を「有名人」たらしめているのはその人が「有名」であることであり、それを支えているのは「有名人のことが好きな人たち」の存在となります。つまり、大衆の目を盗んで「有名人」を作り上げてしまえば、あとは勝手に「有名人好き」たちが量産されていく、という構造になっているのです。

マス・メディアはこの仕組みをうまく利用して金を稼いできました。強いプラットフォームさえ持っていれば、「有名人」を作り出すことは難しくありません。例えば、何処の馬の骨とも知れないモノマネ芸人が、突如としていくつかのバラエティ番組に「話題の人」としてゲスト出演します。視聴者はなかなか気がつきませんが、この場合、その「いくつかのバラエティ番組」というのはすべて同一のテレビ局の番組です。このようにして「みんなが面白いと言っている人気者」が産み落とされます。一度生まれれば、その人気者は「有名人」のループに乗る。誰もがこぞって起用したくなる存在となり、メディアでの露出は増え、人気は高まり、多くの人の目に頻繁に止まるようになり、「有名人」としての価値が向上し、さらに「有名人」になっていく。しかし悲しいことに、人々の興味はそう長くは続きません。突如人気者に仕立て上げられた者は、不断に大衆の興味を引き続けなければならない。

そこでは当然「実力」が問われます。「実力」が伴わなければ、メディアに使い捨てられておしまいです。先述した通り、「終わった人」「過去の人」の烙印はその肌に深く焼き付けられてしまう。とはいえ、このような反作用は大きな力を持ったマス・メディアによって起こされるものであり、多くの場合は懸念するに及びません。重要なのは、「人気のあるもの」が「人気になる」という矛盾含みの構造を理解することです。

あるYouTuberの動画を見てみようと思ったあなたは、そのYouTuberの動画の中で一番再生数の多いものをクリックするでしょう。なぜならあなたはそれこそがそのYouTuberの動画の中で最も面白いものだと推測するからです。その動画は、視聴者のそのような心理機序によってどんどん再生数を伸ばします。人気のある動画の再生数はどこまでも伸び、人気のない動画の再生数はいつまで経っても伸びない理由はここにあります。

いきなり動画の再生数を捏造《ねつぞう》することはできませんが、**見せたいもの、紹介したいことにはそもそも人気がある（見る価値、知る価値がある）ことを伝えるのは有効**です。ここで誤解してほしくないのは、だからと言って嘘をついて構わないということでは決してないということです。それはなぜか——バレるからです。ものすごくシンプルです。

嘘はバレます。嘘をつく人間はバレないと信じて嘘をつきます。そしてバレます。世の中にはあなたの何倍も賢い人や、何万倍も疑り深い人が大勢います。だからバレるのです。自分の嘘がバレないと思っている人間以上に滑稽な存在を私は知りません。そして、嘘がバレれば終了です。コンテンツ制作者も企業も信頼を失い、再帰を図ることは困難です。だから嘘をついてはいけないのです。

あなたがまずやるべきことは、見せたいこと、紹介したいものの魅力を完璧に理解すること。そのものの所有者や製作者よりももっとその魅力を知る必要があります。そのうえで、それが客観的にどう評価されているのかを検討する。そこが始まりになります。もちろん、あなたが魅力を感じることのできないものを人に見てもらおうとするパターンは除外します。それは誠実さを欠いた行為であって、まともな結果を招かないからです。

さて、例えばあなたはどうしても自社の社長を出演させるコンテンツを作らなければならないとします。悲しいかな、出たがりの社長というのは一定数いるもので、実際この困難なタスクを課せられている人は多いかも知れません。仮にその社長が社員皆に好かれている人気者だったとする。であるならばまず社員にアンケートをとりましょう。社長のことが好きか嫌いかどちらでもないか。その結果を誇らしく掲げましょう。「社員の八十%に好かれている愛され社長の○○」とすれば、もしかしたら誰かに見てもらえるかもしれません。あるいは逆に、社員の多くに嫌われていたとするならば「社員の七十%に嫌われている社長の○○」という番組でも作ればいいのではないでしょうか。「見てはいけないものを見たい」という欲望に訴えることができます。社長が許してくれるかはわかりませんが。

伝家の宝刀「Q&A」

ここまで、自分たちに全く興味を持っていない人にどうすれば振り向いてもらえるか、ということについて考えてきました。しかし、振り向いてもらっても、くるりとどこかへ歩き去ってもらっては困ります。もう五秒、三十秒、一分、五分と足を止めてもらわないとならない。ここで一つ、極めて具体的な映像制作の手法をお教えします。私がテレビ局に勤めてまず叩き込まれた原理原則、テレビ的文法の初歩であり、なおかつ唯一にして最重要の作法とも言えるもので、これを身につけられたことこそ、その会社で得られた最大の収穫に違いないとさえ思っていることです。言わずもがな、これはテレビ番組に限らず、企画書であろうと街場の語りであろうと恐るべき効果を発揮します。

それが**マス・コミュニケーションの世界に代々伝わる虎の巻、Q&A**です。

何もクイズ番組のことを言っているわけではありません。もちろん、クイズ番組にも微に入り細に入りQ&Aが浸透していますが、それだけに限らない。旅番組だろうがお笑い番組だろうが、ほとんどすべてのバラエティ番組がこの構造で作られています。実のところ、ドキュメンタリー番組も報道番組も情報番組も、この手法を使っています。視聴者は知らず知らずのうちに問い（Q）を投げかけられ、答え（A）を求められているのです。だから最後まで見ざるを得なくなる。どういうことか。

例えば、水曜日に様々な「説」を検証するという立て付けの大人気バラエティ番組があります。コアなお笑いファンからマジョリティ層にまで深く刺さり、下品すぎて子どもには見せたくないと思いきや、時に感動させられてしまい、Webプラットフォーム

「TVer」での再生数が一億回を超え（TVer史上初）、なおかつ種々の賞を幾度も受賞する、ほぼ無双状態のこの番組。企画によっては現代的な倫理観から眉を顰《ひそ》めるものもありますが、実績を見れば令和初期を代表するバラエティ番組であることに疑いの余地はありません。

番組構成は実にシンプルです。冒頭でスタジオにいる芸人さんが「説」を唱えます。例えば仮に「ウツボカズラの罠、人間にも通用する説」。空腹の芸人さんが、甘い匂いに誘われて、見るからに危険な場所に足を踏み入れるかを検証するVTRが終了し、結論が出たところでスタジオへ。そこでタレントさんたちが感想を話す。そして最後に、芸能界の最重要人物と見做《みな》される人物が感想、ボケ、あるいはツッコミを行うと、間髪入れずに次の説が提唱される。皆さんお気づきの通り、どこからどう見てもQ＆Aの構造で構成されています。

視聴者は冒頭で「説」が提唱された瞬間から、様々な予想を始めます。ウツボカズラの罠に人間がかかるわけないだろ？　という一般的なものから、一体どうやってそんな実験をするんだ？　という物好きなもの、大人たちがこのくだらない説をどうやって立証しようとするんだ？　という意地悪なものまで、すべてQが提示されたことによって視聴者の中に生まれた予想です。そしてひとたび自分の中に何かの予想が生まれれば、私たちはその予想の正否を確認せずにはいられなくなる。これこそがQ＆Aの力なのです。つまり、Qを出されたら、視聴者はそれについて「わかる」or「わからない」の二択しか残されなくなる。その時人は絶対に「わかる」でいたいと切望する。そうなると、番組の最後まで画面の前に座り込み、その答えを目にしなければ済まなくなる。そういう構造になっているのです。もちろん、水曜日に説を唱える番組の秀逸さはこの点に限るものではありません。Q＆Aという枠組みで言えば、この番組にはもう一つ大きなQ＆Aが仕込まれています。説検証ＶＴＲが終盤に差し掛かると、視聴者は飽き始めたり、あるいは結論が想像できてしまったりします。そのタイミングで、視聴者の心には別のQが立ち上がり始めます。「しかめ面でＶＴＲを見ているスタジオの大物は、このＶＴＲ（説）に対して何を言うだろう」――視聴者はそこから、ＶＴＲ終わりのスタジオコメントを聞くために、やはり画面の前に座り続けるのです。この人物が最近流行り始めた人気者ではいけません。ご意見番的な立ち位置を確保している人物だからこそ、その発言を待ちたいと思うのです。「あの人はこれについてなんて言うんだろう」と多くの人に思ってもらえる人をスタジオに置いておくのにはそういう意味があります。放送上の使用尺を考えれば見合わないほど高額な出演料を払っているように思えても、十分な価値があると判断されるのにはそういう理由があるのです。

同様の構造は多くの番組で採用されています。いわば、Q＆Aの入れ子構造です。番組全体を貫く大きなQ＆Aの中に小さなQ＆Aをいくつも紛れ込ませていく。ザッピング（チャンネル変更）という危機に毎秒晒《さら》されているテレビ番組においては、この構造をいかに強固に、絶え間なく敷設できるかが何より重要だとも言えるでしょう。

情報番組でも同様です。「予約殺到！　三年待ちの食パン！　ヒットの理由とは？」なんてVTRは徹頭徹尾《てっとうてつび》Q＆Aです。ビジネス成功の秘訣《ひけつ》を知りたいのは人間の性です。

ドキュメンタリー番組では、特にタイトルで同じことが行われています。「歌舞伎町に流れ着いた少女たち」と名付けられたドキュメンタリーがあれば、タイトルがそのままQの役割を果たします。歌舞伎町の現状について全く知らない人にとっては、そんな少女が存在するの？　というQになり、多少なりともそれについて知識がある人であれば、そういえばどうやって歌舞伎町に辿り着くのだろうか？　という一段踏み込んだQになる。それでもQとして不足であれば副題をつけます。これもよくやる手法で「歌舞伎町に流れ着いた少女たち　～令和の家出少女の足跡を辿る～」とすると視聴者はQを受け取りやすくなります。

スポーツであれば工夫せずとも「どちらが勝つのか」という命題がそもそも存在するので説明不要でしょう。それゆえにいつまで経っても、どんな番組もスポーツ中継には敵《かな》いません。同時に、Qに対するAがあまりにも重要であるため、生放送であることに価値の重心が置かれます。

もしテレビをお持ちであれば、適当なチャンネルを見てみてください。テレビがなければ、Webの無料プラットフォームがたくさんありますから、どれかで適当な番組を再生してみてください。ほとんどの番組が一貫して、Q＆Aによって構成されていることに気づくはずです。

さて、ここまで長々と書いたことはすべて、「世界は私に興味を持っていない」という出発点から検討した、どのように人の興味を引きつけることができるか、という課題に対するマス・コミュニケーション的打開策でした。これまで先人たちが数多《あまた》の失敗を経て蓄積してきた知見のほんの一部ではありますが、多くの人に何かを伝えるための考え方に関しては、最低限伝えられたのではないかと思います。

あなたにも私にも、世間は一ミリも興味を持っていない。だから、人の欲望を利用する。欲望をくすぐり、振り向いてもらう。振り向いてもらったら、逃さない。そのためには問いを立てる。問われた視聴者はその答えを知るまで逃れられない。問いの罠に捕らえる。それがマス・コミュニケーションの原則的思考法だということです。

次に、本当に多くの伝え手・作り手が犯してしまうミス、逃れることが極めて困難な幻想について説明します。

そのことはあなたしか知らない

さて、「自分が作る動画にはそもそも誰も興味を持っていない」という出発点に立ち、ようやく映像制作にとりかかったとしましょう。ここで大半の人が二つ目の壁にぶつかります。残念ながら、それはほとんど不可避とさえ言えます。

その壁の名は、**「前提知識共有幻想」**。つまり、あなたが今から見せようとしているものについて、視聴者は何一つ知らない可能性が極めて高いにもかかわらず、あなたはいくつかの知識を共有している前提で物語を始めてしまう。登場人物の設定、場の状況などが典型的なそれに含まれます。卑近な例で説明してみましょう。

私がまだ学生だったある年の三が日。懐かしい匂いのするこたつに首まで潜って、ぼーっとテレビを見ていました。それはごく一般的なトーク主体のバラエティ番組で、父と母もみかんを口に運びながら楽しそうに眺めています。スタジオでは何らかのゲームが始められました。その罰ゲームをどうするべきか、侃侃諤諤《かんかんがくがく》、出演者たちが過剰な興奮状態で議論しています。ケツバットがいいのか、ワサビシュークリームがいいのか、センブリ茶がいいのか……。その時一人の女性アイドルがこう発言しました。

「私は坊主でも構いませんけど?」

その発言を受けた他の出演者はこう言います。

「そんなのお前にとっちゃ罰ゲームでもねえだろ！」

そしてスタジオには大きな笑いが生まれます。

私と母は、笑い声を上げるまではいかなくとも、微笑ましくその光景を見ていました。

しかしその時父が、実に寂しそうな顔でこう言ったのです。

「意味がわからないんだけど」

そう、父にはスタジオで繰り広げられたくだりの意味がさっぱりわからなかった。そして、それは多分読者の皆さんも同じでしょう。どちらかと言えば、それを微笑ましく見ていた私と母の方が奇怪に映ったことと思います。なぜなら今の記述では、笑うのに必要な前提条件が不足しているからです。実はこの女性アイドル、過去に一度、突如として坊主頭になったことがあったのです。その事件は当時芸能界で幾らか話題になりました。女性アイドルが髪の毛を刈り上げるなどというのは日本においては前代未聞、というのが一般的な価値観でしたし、その坊主頭の様が見方によってはいささか滑稽だったからです。さて、この罰ゲームのやり取りの中で、「当該女性アイドルはかつて坊主頭にしたことがある」とは説明されません。その事実については出演者も視聴者も、全員が知っている、という前提で話が進められているのです。もちろん知らない人にとっては意味不明なやり取りになってしまいます。ここで明らかになるのは、その番組が一体誰を視聴者として想定しているか、ということ。当該番組に関して言えば、想定している視聴者はテレビ好き、アイドル好き、ゴシップ好きな一部の層となります。テレビを見る機会の多かった私と母親に説明は不要でした。しかし、朝から晩まで働き詰めだった父にとっては珍紛漢紛《ちんぷんかんぷん》だった。父はこの番組の制作陣からは視聴者と見做されていなかった。ゆえに、父がこの番組を楽しむために必要な説明は省かれてしまっていたのです。

視聴者を笑わせたり、驚かせたり、悲しませたりするには、必要最低限の説明をしなければならない。**感情を動かすには適切な助走が必要**だ、ということです。しかしながら、説明というものは多くの場合退屈です。ですから、この例のように説明を諦め、特定の層にターゲットを絞り、最短距離で笑いを作る、という判断が出てきます。極端な話、ここで例に挙げたくだりで外国の方にも笑ってもらおうとするのであれば、女性アイドルの過去の坊主頭事件のみならず、日本における罰＝坊主の習俗や、日本における女性アイドルの立ち位置に至るまで事細かに説明しなければならないかもしれません。そして、その説明に費やされる三十秒なり一分なりは、テレビ好きな日本の視聴者にとっては退屈極まりなく、紛れもなくザッピングチャンスとなってしまう。制作者にとって肝要なのは、どのような視聴者を想定するか。そして、その視聴者が持っている前提知識をどれだけ正確に見積ることができ、必要な情報をどれだけ端的に伝えられるか、ということになります。

もう少し汎用性のある例を挙げましょう。

例えば、あなたはプロデューサーやディレクターの立場で、長い旅のドキュメンタリーを作っているとします。撮影は順調に進み、主人公はゴールに辿り着くと感極まって泣き崩れました。あなたはとても良いものが撮れたと満足するでしょう。しかし、実のところ難しいのはここからです。あなたはその涙を視聴者にとって理解可能なものにしなければなりません。涙に至るまでの道中で、その涙が流された理由を示す必要十分な説明を適切に済ませなければ、主人公は何でもないことに涙を流す安い人間だと、視聴者に見做される危険があるのです。主人公は東京を発ち、北海道のとある辺鄙《へんぴ》な場所まで、列車、船、ヒッチハイクと徒歩で向かうとします。軽井沢に行くのと比べれば遠いし、アフリカに行くのと比べれば近い。そのゴールで主人公が涙を流すには、相応の理由が必要です。

まず説明しなければならないのは、主人公がなぜその旅に出たのか、その理由です。その目的地は主人公にとってどのような意味を持つのか。何らかの理由で会えなくなってしまった友人との記憶が残された場所なのか、あるいは長く憧れ続けた誰かの生まれ育った場所なのか、それとも自分のルーツを辿った先に行き着いた場所なのか。そこが明らかにされれば、ゴールで流される涙を、視聴者も理解できるかもしれません。

一方で、その旅に理由など全く存在しないという場合はどうしたらいいでしょうか。一般的に言ってそのゴールで流される涙は意味不明です。しかし、力技で納得させることもできる。『24時間テレビ』の一〇〇キロマラソンがまさしくそれです。ランナーは概ね「話題になるから」という理由でテレビ局から依頼されただけであって、もともと二四時間走り続ける目的など持ち合わせていませんし、ゴールに指定されている両国国技館に特別な思いを持っている可能性も限りなくゼロと言えるでしょう。にもかかわらず、ゴールで流されるランナーの涙に、視聴者はなぜか幾許《いくばく》かの共感をしてしまう。そこで利用されるのは、道中の過酷さの演出です。

ここでいう道中には、本番までに積んできた練習が含まれます。多忙を極める人気タレントが、わずかな休息の時間を削りに削り、トレーナーに付き添われて走る訓練をする。あまりの疲労に追い詰められ、苛立つことも、涙を流すこともあるでしょう。怪我に絶望することもあるかもしれない。トレーナーとの関係にも物語が生まれます。本番が始まる頃にはトレーナーであることを超え、パートナーと呼ぶに相応《ふさわ》しい状態になっている。そして本番。練習では経験していない距離を走る。当然、限界が来る。あれだけ練習したのに、無理かもしれない。あれだけ熱心に、トレーナー（現パートナー）は雨の日も風の日も、夜中であろうと早朝であろうと付き添ってくれたのに、無理かもしれない。そういう思いが画面を通して伝わってくる。そして困難を意地で乗り越え、到着した縁もゆかりもない両国国技館。涙を流すランナーとトレーナー（現パートナー）、その他出演者……その姿に、視聴者は納得させられてしまうのです。

本来は、旬のタレントが大特番の出演依頼を受けて、その企画が走り続けるものだったので走った――ということ以上でも以下でもありません。しかし、この道中の過酷さを執拗《しつよう》に描くことで視聴者を納得させてしまうことが可能なのです。走る理由など気にもさせない。とはいえ、もちろん旅に理由はあるべきです。先ほどの例では列挙したどれかの理由があれば、そこに道中の過酷さを描き足すことによって、ゴールの涙を一層理解できるものに、共感可能なものにすることができます。ヒッチハイクでは誰も止まってくれず、路上で夜を明かすことになったかもしれない。長い歩きの道中で食料が尽きたかもしれない。真っ暗な夜道を貧弱な懐中電灯で歩き続けなければならなかったかもしれない。荷物は重すぎて、肩にも足にも水膨れがいくつもできて、一歩足を進めるごとに痛みに襲われていたかもしれない。寒さと、野生動物の恐怖に苛《さいな》まれたかもしれない。そんな一つひとつをしっかりと描くことで、視聴者はゴールの涙に共感することができるようになるのです。

ところで、あなたは今こう思ってはいませんでしょうか。

「さすがに、自分は失敗しなそうだ――」

その気持ち、よくわかります。そして、コンテンツ制作に取り掛かる人間の誰もがそう思うのです。だからこの壁は不可避だと初めに書いたのです。その自信こそが失敗の源。端的に言って、自分をいかに疑い続けることができるかこそが、優秀な作り手とそうでない作り手を隔てる大いなる溝なのです。

「前提知識ゼロの人にも理解してもらえるようになっているか」の点検は極めて重要であり、新人のテレビマンのほぼ全員がここで躓《つまず》きます。例えば自分でロケをしたVTRであれば、どんな乱暴な編集をしても、ロケの中で起こったことのすべてを自分は知っているので流れを理解できる。しかし、初見の人ではそうもいかない。この点はベテランテレビマンでも気を抜くと徹底できません。そのためテレビ番組制作の過程では気が遠くなるほど何度も「試写」を重ねて、第三者の意見を反映させていくのです。**プロは自分を細部まで疑っているからこそ、第三者の目を求め続ける。**それがいかにストレスフルであり、自信喪失を招き、コストがかかるとしても、プロの世界にそれを軽視する人間は一人としていないのです。

なぜドキュメンタリーが求められ始めているか

第一部の最後に、私が生業《なりわい》としてきたドキュメンタリーについて少しだけお話ししたいと思います。広く読者に読んでいただきたい仕事術の本の一節を、極めて狭いテーマに割くことは賢明でないと思われるかもしれません。しかし、これについて話をするには理由があります。

もちろん、私はこれまで数えきれないほどの媒体でドキュメンタリーについて話をしてきました。毎度同じ話にならないように頭を捻《ひね》っていましたから、話せることは無尽蔵と言えるほど溜《た》まっています。しかし、それがここでこのテーマを掲げる理由ではありません。ここでドキュメンタリーについて話したいのは、ドキュメンタリー的手法が今、多くの業界から強く求められているからです。

私がテレビ局を離れてから、真っ先に仕事の依頼をしてくれたのはファッションブランドでした。それも一社ではありません。いくつもの、世界でもその名が当たり前に知られているようなファッションブランドが、映像制作を依頼してきたのです。私がそれまでテレビ局の社員として制作し、一定の評価を得ていた作品は多くがいわゆるドキュメンタリーです。対して、ファッションブランドの映像制作と言えばその目的はあくまで広告。一括りに映像と言えば同じですが、その実全く異なる畑と言っていいでしょう。それにもかかわらず、私に依頼が来た。そしてとても重要だったのは、それらの会社が常に国外に視野を広げ、世界のマーケットで成果を出していたことです。もちろん、世界の市場で勝負している企業の方が偉い、と言うつもりは毛頭ありません。しかし少なくとも、世界の市場で一定数の顧客を獲得している企業と、国内需要だけで賄っている企業とでは世界の求めに対する感度が全く異なる。ですから私は、ドキュメンタリー的手法が求められているという世界の流れをいち早く感じることができたのです。それからは一足遅れてアートの会社、飲料の会社、食品の会社、繊維の会社など、多種多様な企業から依頼をいただくことになっていきました。

　実は私にとってこの現象は予想外のものでした。というのも、例えば「人気ブランドの最新コレクション」を始め、新商品や新サービスというものはそれ自体が人の興味を惹くエンターテインメント性を有しており、本来はドキュメンタリーがそういったエンターテインメント性を必要としていたのであって、その逆は無かったからです。簡単に説明します。

ここまでお話ししてきた、例えば「欲望を利用しよう」というような話は明確に、エンターテインメントをどう作るか、あるいは見せたいもの、伝えたいことをどのようにエンターテインメント化するか、ということをゴールとしていました。ポルノは言うまでもなく、グルメにしろお笑いにしろ、人間の欲望に直結する題材を扱ったものはエンターテインメント化に苦労しません。「人気ブランドの最新コレクション」も同様です。

一方、ドキュメンタリーは違います。例えば遥か遠くアフリカの名も知らぬ小国の貧困事情から、エンターテインメントの要素を引き出すのは極めて困難です。そこでＱ＆Ａの構造で視聴者を罠に嵌《は》めたり、食事の紹介をして「グルメ番組」を装い食欲に訴えかけたりなど試行錯誤が必要になってくる。ただし、テレ・ビジョン（離れて・見る）という言葉の由来が示すように、テレビには「遠くのものを映す」という役割があります。そこに**視聴者の欲望が伴うこともありますが、難儀なことに、「遠すぎると興**

味を持ってもらえない」というのもまた事実です。「ガンビア共和国の土の中にいるミミズを見せます」と言っても視聴者の興味を惹きつけることはできません。しかし「ガンビア共和国でなぜか流行りまくっている日本食がある」と言われると、視聴者は「それはなんだ?」と思い始めてくれる。それが適切な距離を利用したエンターテインメントの力です。ドキュメンタリー番組は往々にして、社会問題に光を当てようとします。そしてなぜその社会問題に光を当てようとするかと言えば、光が当たっていない状況が現にあるからです。なぜ光が当たっていないのかと言えば、人が興味を持てる対象になっていないからにほかなりません。

そこでエンターテインメントの力が必要になるのです。多くの人が知りたいと思っていないこと、しかしどうしても知ってほしいことを伝えるためにドキュメンタリー番組は作られる。しかし見てもらえないドキュメンタリー番組はマスターベイションに過ぎない。だから見てもらえるように知恵を絞る。そこで私は欲望を利用し、エンターテインメントを取り込むことに腐心したのです。しかし人気ブランドが求めたのはエンターテイナーではなく、ドキュメンタリストとしての私でした。つまり今までとは逆に、エンターテインメントがドキュメンタリーを必要とし始めた。それは一体何を意味するのでしょうか。

生き残るのは真実

皆さんご承知の通り、昨今マス・メディアを賑わせるマス・メディア自身の不祥事の一つに「ヤラセ・捏造の発覚」があります。ヤラセというのは、例えば街頭インタビューと称してテレビ局が仕込んだ通行人に話を聞いたり、飲食店の評判を聞くためにマイクを向けた客が、実は仕込みでセリフを言わされていたりするなど枚挙《まいきょ》に暇《いとま》がありません。捏造と言えば、報道番組でやってもいないアンケートをもとにグラフを作成するという捏造のお手本のような例もあれば、ラジオ番組に寄せられたリスナー投稿がスタッフによって書かれたものだったという、取るに足らない（と言っていいのか定かでありませんが）ものまであります。これらはつまり「事実でないことを事実であるかのように見せる」ことが糾弾されていると言えるでしょう。

しかし、その線引きは実のところ曖昧です。果たして事実とは一体何なのか。飲食店で話を聞いた客が実は番組に呼ばれた人だとして、商品を食べて「美味い」と言ったその言葉が強制されていなかったとしてもそれはヤラセなのか。恋愛リアリティーショーに細かいセリフまで書かれた台本は無いにせよ、大まかな設定が決められていたらそれはヤラセなのか。基準が曖昧であるがゆえに、ヤラセや捏造の境界線は時代によって移ろいます。そしてその境界線が近年、大幅に**「リアル至上主義」**に振れてきているのです。

かつては制作者たちによって「工夫」や「技術」だと思われていた「ヤラセ・捏造未満」が、今では到底許されない悪手とされるようになっています。悲しいことに、テレビを長年作り続けてきたベテラン制作者がこの手の問題を起こすことも稀ではありません。むしろ責任を負っている立場の人間の感覚が更新されていないからこそ起こる問題だとも言えます。彼らからすれば同じ場所に立っていただけなのに、境界線がいつの間にか動いて、気がつけばセーフティーゾーンの外に追いやられていた悲劇。視聴者たちは「嘘」に対して敏感になり、「嘘」を許せなくなってきているのです。

この変化が何を意味するのか、正直言ってわかりません。視聴者たちの目が肥えてきた、と捉えることもできるかもしれませんし、虚構を楽しむ素養が失われた、とも言えるかもしれません。その良し悪しは不明ですが、とにかく**「リアルであること」が加速度的に求められるようになってきていることだけは事実**です。広告に関して言えば、それは物を売るために作られていると、消費者は皆知っています。当然、その広告の中で語られる言葉の嘘くささに気づかないわけがないのです。だからドキュメンタリーが求められている。企業は広告で消費者に嘘くさいと思われたくない。だからドキュメンタリーを利用して、広告で本当の言葉を語ろうとしているのです。

では、そもそもドキュメンタリーとは、あるいはドキュメンタリー的なるものとは何なのか、そしてそれはどのように利用することができるのか。かなりの力技ですが、ポイントを二つに絞ってお話しします。

言葉をどう扱うか

ドキュメンタリーを定義づけることは容易でありません。社会性のあるテーマを扱えばドキュメンタリーなのかと言えばもちろんそんなことはなく、あらかじめ起承転結が決められたものはドキュメンタリーではなくなるかと言えばそうとも限らない。「事実によって構成されたものがドキュメンタリーである」と言えば多くの人が納得するかもしれませんが、果たしてここで言う事実とは何か。それを規定することがことのほか難しい。

一人の人間を追いかけた映像を作ったとします。その時、その被写体の「ありのままの姿」が映ればそれは「事実」であり、その映像は晴れてドキュメンタリーの仲間入りとなるのでしょうか。では「ありのままの姿」とは一体何か。それは「演技ではない振る舞い」のことでしょうか。だとすれば、カメラが人間の「ありのままの姿」を捉えることは不可能です。人間は普段から演じて生きています。相対している人間が誰かによって言葉遣いも服装も変わる。ましてやカメラを向けられて演じずにいられる人間などいないと言っても間違いではないでしょう。こんな思考に陥った制作者は、しばしば隠しカメラだけで番組を作ろうと思い立ちます。実際にいくつものコンテンツがそんな奇天烈な方法で作成されました。しかし人間は、自室で一人きりだったとしても、自分に対してさえ演じているのです。ですから、「ありのままの姿」を捉えたものだけがドキュメンタリーであると言うのであれば、世の中にドキュメンタリーは存在し得ない、という不都合な結果に陥ってしまいます。

ことほど左様に、当たり前のように使っているドキュメンタリーというジャンルの条件付けは簡単ではありません。しかし、真実性を高めるための方法、裏を返せば嘘くささを減らす方法はいくつもあります。何よりも先んじて重要なのが、**言葉の扱い方**です。

私たちは普段、自然な言葉に囲まれています。そのために、自然なセリフを書くことも、それを自然に言ってみることも簡単だと思ってしまう。そこに大きな落とし穴がある。

映像を作り始めた人の多くは、実に安易にセリフを作成し、自分かその他の被写体にそれを言わせようとする。そしてリアリティーを決定的に欠いたものが完成するのです。

私たちが普段使っている言葉と、カメラの前で語られるべきセリフとは全くの別物だと考えた方がいいと私は思っています。文字に起こした時には同じかもしれない。しかし、その状況でその言葉が選ばれるには、考えなければならないことが数多あるのです。撮られる側も同様です。普段喋る言葉と、カメラの前で語るセリフとは全く別物だと思うべきです。その状況で適切な声量、抑揚、声色、目線、口の動き、などと検討すべきことは星の数ほどあり、そのうち一つでも不適切であれば、そのセリフからリアリティは抜け落ちてしまう。カメラの前でセリフを語るというのはそれほど難しいことです。だから、本当に優秀な役者はほんの少ししか存在していないし、本当に優秀な脚本家も数えるほどしかいないのです。一朝一夕で真似できる芸当ではありません。私たちは、被写体に語らせるという状況を可能な限り避けるべきです。私たちにできるのは、状況を作ること。そしてそこで発せられる言葉を捉え、それを使って物語を紡いでいくことです。

実はこれ、日本人が得意とする手法だというのが私の持論です。というのも、日本のテレビエンターテインメントの多くはこのやり方で作られてきたからです。例えば、幼稚園生か低学年の小学生が人生で初めてお使いに出る、という長寿番組があります。最近の若者が知っているかはわかりませんが、一定以上の年齢の日本在住者であればほとんどが認識している番組でしょう。これこそまさしく、**状況を作り、その中で生じる人間の反応のすべてを撮影し、撮れたものから編集によって物語を作る、という手法**の典型例です。私はこの手法を**ブリコラージュ制作法**と呼んでいます。ブリコラージュとは、設計図に基づかず、既にあるものを寄せ集めてものを作ること。その発想で作られる番組にはセリフが書かれた台本も無ければ、何が起こるかも決められていない。有るのは「場」と「時間」、時に「方向」のみ。世界のエンターテインメント市場に眼を向けると、この手法が日本でガラパゴス的に進化を遂げたものであることに気がつきます。先に挙げたお使い番組がNetflixで世界配信された際に、多くの国で話題を呼んだことも記憶に新しいでしょう（幼児に街を一人で歩かせるとは何事だ！　という各国の治安状況や子どもに対する人権意識に基づく論争もありましたが）。

一方で欧米のリアリティーショーと言われる番組を見れば、そこに大筋の起承転結があらかじめ設定され、さらにはセリフさえ決められていることに気づくはずです。そのために、日本国内では新しさもない、数十年前から続いている番組でも、ひょんなことから世界で配信されるとセンセーショナルに受け取られるのです。言わずもがな、このお使い番組は登場人物の年齢ゆえ、たまたまノンバーバル（言語を要しない）ストーリーテリングが可能であったということも重要でした。いずれにせよ、予定調和から訣別《けつべつ》し、登場人物たちの本物の表情が切り取られた番組が、欧米諸国で驚きをもって迎えられた。日本でこの技法が先鋭化した理由は定かでありません。もしかしたら、欧米諸国では脚本や演技の技術が先んじて成熟した一方、日本はその分野で遅れをとった。だから日本は違う方法で進化を遂げた、というような推論も立てられますが、この辺りのことは専門家に任せましょう。

ここで言いたかったのはこういうことです。**「セリフ」を捨て、その代わりにどのような状況を作れば、狙った「言葉」や「表情」が発せられるのかを考えよう。**それが受け手から嘘くさいと思われないための第一歩です。

最後に、表現から嘘くささを排除するために必要な、カメラの存在に関する考え方についてお話しして、第一部を閉じたいと思います。

ここに至ってはいよいよ映像制作者にしか活かしようのない話になってしまいますが、そうでない人にとっても、今後の映像の見方が変わるかもしれないという一縷《いちる》の期待を持って読んでいただければ幸いです。

カメラの存在

大前提として、映像を撮るためにはカメラが必要です。いずれカメラがなくても「撮影」という行為が可能になる時代が来るかもしれませんが、もう十年くらいはきっとこのままでしょう。そう、撮影現場にカメラはある。それが隠しカメラである場合を除き、被写体はカメラの存在を知っている。それを知らない、見えないものとするか、それともカメラの存在を知っているものとして振る舞うか、ここが大きな分かれ道です。ドキュメンタリーとそうでないものとを分ける基準としても、多くの場合機能すると考えられます。

例えば心霊スポットを訪れる映像を作っているとします。出演者が廃墟《はいきょ》に踏み込もうとする時、撮影の仕方は大きく二通りあります。

一つはカメラマンがあらかじめ廃墟の中でカメラを構え、扉を開けて侵入してくる出演者の顔を撮影する「受け」という方法。もう一つは出演者を追うように後ろ姿を撮影する「追い」という方法。

一般的に言って、フィクションと言われる作品では前者が主流です。それは、最も緊張感のある入室の瞬間、出演者の表情を撮影できるからです。一方、ドキュメンタリーと言われる作品では後者が主流と言えるでしょう。なぜなら、カメラマンが難なく（しかも一人で）入室できている場所に対して出演者（視聴者も）が恐怖感など抱けるわけがないからです。その室内にカメラが存在してしまっているという事実が、その廃墟の安全性を担保してしまい、ハイライトの一つである侵入のスリルが削がれてしまうのです。フィクション作品でどうしてこれが許されるかと言えば、出演者と視聴者がカメラという概念は存在しないと約束し合っているからです。一方、ドキュメンタリーでは被写体も視聴者も、カメラの存在を無きものとはできません。そのため、カメラマンは侵入時の出演者の表情を捉えることを捨て、後ろ姿を撮るべきです。もちろん、表情によって語られることは数多あります。しかし同時に、背や首の動き、息遣いや声で伝えられることもまた数多あるのです。そうは言ってもやはり表情が欲しい、ということもあるでしょう。そういう場合に用いられるのが、出演者自身がカメラを持つという方法です。そのカメラによって自分の表情と、侵入時の無人の廃墟の中を同時に撮影することができる。これはいわば三つ目の方法であり、撮影機材の小型化、軽量化、簡便化によって近年一般的になっている方法です。

この点に絞ってバラエティ番組の変遷を見ると興味深いことに気がつきます。かつてはタレントものの番組でも「受け」が主流でしたが、ここ十数年の間にゆっくりと「追い」が主流になっているのです。いやいや、最近でも「受け」で撮っているバラエティ番組を見ることがあるぞ！　とおっしゃる方もいるでしょう。もちろんそれも事実です。

しかし思い出してみてください。その番組は例えば不動産紹介や、お宅訪問のＶＴＲで、出演者にはいわゆる「お決まり」のパターンがあり、つまりそこには「何が起こるかわからない」というスリリングな状況は求められていないのではないでしょうか。その意味では、そこに「真実性」は必要とされておらず、むしろコントに近い期待、さらに言えば水戸黄門に近い「待ってました！」という心地よいマンネリが求められている。だとすれば必然的に、「追い」によって得られるドキュメンタリー性、真実性は不要となります。

この辺りのことを意識して画面と向き合っている視聴者はほとんど存在しないでしょう。しかし、潜在的に感じているはずです。だからこそ、被写体がカメラをどう意識しているか、細やかに点検する必要があります。出演者がカメラ（カメラマン）と会話するカットを五秒間差し込むことで、そのＶＴＲに真実性と親しみやすさが付与されるかもしれない。あるいは逆に、出演者がカメラの存在を無視した瞬間があれば、そこは慎重に削除すべきかもしれない。

また、このカメラの存在の扱いによって視聴者が受ける（無意識の）印象が大きいことを逆手に取った表現もあります。二〇一六年から放送されているイギリスのドラマ『フリーバッグ』は、第一話のファーストカットから視聴者の度肝を抜きました。主人公の女性が、期待に胸を躍らせて扉の前で何かを待っています。興奮で息も詰まりそうなその女性が、突然カメラを見つめてこう言うのです。

「深夜二時に好きな男から会いたいとメールが来たら？」

視聴者はこの演出に驚きます。映画やドラマの出演者が、カメラに向かって状況を説明し始めるなんてそれまであり得なかったからです。この演出によって視聴者は不思議なことに、ドラマの世界に連れ込まれてしまう。その独特な演出法だけが優れていたわけではありませんし、類似の手法が過去に皆無だったかと言えばそれも違うでしょう。本作がいくつもの賞を攫《さら》ったのは、脚本に書き込まれた言葉の瑞々《みずみず》しさや、登場人物たちの持つ時代性などが高次元で掛け合わされたところに、「カメラ目線で語りかける」という演出がとられたからです。その総和が視聴者や審査員たちの心に突き刺さった。当然と言える結果でした。そしてこの作品の功績は、ドラマという作品形態が生まれてから常に有り続け、にもかかわらず無いものとされてきた「カメラ」の存在を視聴者の前に強引に引き摺り出したということだけではありません。**誰もが疑うことさえしなかった既存の様式を破壊することに新しいエンターテインメントの可能性があるというこ**

とを、制作者たちに知らしめたのです。

人間はどこかで破壊を求めます。また、誰もやらなかったことをやる人間に心を奪われます。それらの破壊的行動は紛れもなく、当人の生存可能性を低下させるに違いありません。なぜなら、周りの皆と同じように生きることが最も安全だからです。

しかし、傍観者でいては気が済まない人間が一定数います。そして、時に逸《はぐ》れ者《もの》と呼ばれるそういう人間の突飛に見える行動が、人類全体の生存可能性を引き上げることもまた事実です。羊の群には逸れ羊が生まれると言います。その逸れ羊は突如として群から離れ、一頭でどこかへ歩いていく。それはもちろん極めてリスクの高い行動です。群で生きる動物は、群でしか生きられないから群れているのです。しかし重要なのは、この逸れ羊が時として、新たな草原を発見することがある、ということ。そしてそれが群れを救うことがある。つまり逸れ羊には役割があるのです。自らの身を危険に晒し、ルールを守らないやつだと後ろ指差されることもあるけれど、いつかその存在が群を救うことになる。だから、傍観者、あるいは視聴者、または消費者は、既存の様式やルールを破壊する者をどこかで切望している。つまり**「新しさ」それ自体がエンターテインメ**

ントとして成り立ってくる。私はそんなふうに考えています。

さて、長く続いた第一部はここで終わりです。

巷間《こうかん》に広く共有される成功というものの先に幸福はあるのか、ということから始め、とにかく自分の足で立てるように、生存権を自分の手に取り戻すことが必要だという話を経て、ズルや嘘はむしろコストパフォーマンスが悪く、現代社会においては社会善を目指すことこそ合理的であるという話をしました。そして具体的なマス・コミュニケーションの技法の中から、様々な業種で応用できるものを抽出し、欲望をいかに利用すべきか、エンターテインメントがいかに重要であるかということをお話しし、最後に既存の様式を破壊することそのものがエンターテインメントになりうる、ということまで説明しました。

いよいよ第二部を始めます。ここからが本題です。

第二部では、現在進行中のプロジェクトの制作過程を、ほぼリアルタイムで記述していくつもりです。ここまで偉そうに語った私自身が、実際どのように番組作りをしているのか、具にご覧いただきます。また、議事録、制作メモなど番組制作の過程で生まれる文字資料を適宜ここに転載し、制作過程を詳細に追ってもらえるようにします。

当然ながら、理想と現実は違います。現実がままならないから理想があります。ここまで書いた私の理想論から私自身が外れることもあるでしょう。その時にどう道へ復帰しようとするのかも含めて、お楽しみいただければ幸いです。

第二部

ドキュメンタリーシリーズ『死の肖像』

「死」をテーマとする意味

某グローバルプラットフォーム（動画配信サービスを運営する企業）からドキュメンタリーシリーズの制作依頼が来たのは、二〇二二年初頭のことでした。この時私はちょうど東京のテレビ局を離れ、フリーランスとして仕事を始めたばかり。予算規模も国内のものとは桁違いなうえ、世界に配信される映像を制作できる機会をこのタイミングで得られたのは喜ばしいことでした。そして何より、時間をかけて向き合ってみたいテーマが私の中にあったこと、そこにプラットフォームの担当者たちが賛同してくれたことは幸運というほかありません。

テーマは「死」でした。

誰もが避けて通れない、死。しかし誰もが目を背けて生きている、死。そんなものにこそ、メディアが光を当てる価値があると考えていたのです。同時に、こう言っては不謹慎だと思われるでしょうが、死を真正面から扱うという立て付けは視聴者の興味を掻き立てるだろうという目論見《もくろみ》もありました。先述した通り、誰にも見てもらえない映像なら撮る必要が無いのです。シリーズのタイトルは『死の肖像』。企画書の一ページ目に書いた文言は次の通りです。

人は死ぬ、誰も死からは逃れられない。
生は死へと続く道のりである。生の最後が死であればこそ、死は生の集大成である。
死は生が何であるかを教えてくれる。
しかし今、死が遠ざけられている。
穢《けが》らわしいもの、見ても触れてもならないものと思われている。
家で突然死んだら事故物件。
病院で生まれ、病院で死ぬのが良しとされる。
人間はさながら工業製品で、病院は工場のよう。
【ドキュメンタリー　死の肖像】は今一度、死を我々の手に取り戻す。
良く生きたいのであれば、良き死に方を知らねばならぬ。

いかに生きるべきかとはつまり、いかに死ぬべきかということを意味する。
これは、人々の死に立ち会う番組である。

チーム編成

番組を制作するにあたって最も重要と言って過言でないのが、制作スタッフの編成です。今回は、私がこれまで共に番組を作ってきた信頼のおけるスタッフでチームを固めました。

まずはディレクターのノムさんこと野村さん。元は熊本の不良少年で、二十代半ばで一念発起し上京したところ、テレビの制作会社に転がり込むことになり、それ以来この世界にどっぷり入り込んだという異色の経歴の持ち主です。私の見立てでは、魑魅魍魎《ちみもう》魎《りょう》が跋扈《ばっこ》するテレビ業界にあって最も優しい心の持ち主の一人で、義理人情に厚く、ドキュメンタリーの制作に最適な人材です。私がテレビ局に入社したばかりの時、アシスタントとしてついた番組に少し年長のノムさんがディレクターとして入っていたのが出会いでした。時を経て、私が番組を企画するようになってからは、いつもノムさんが力を貸してくれました。私にとっては番組制作に欠かせない仲間です。酒を飲むと熊本弁で同じ話を繰り返すところだけが玉に瑕《きず》ですが、困った時にこの人は助けてくれる、と思わせる独特な空気をまとっています。それが信頼感、というものかもしれません。

アシスタントはハッシーこと橋下くんにお願いしました。十代でこの世界に入った彼は二十歳になったばかりで、今まさに、ディレクターになれるか否かの瀬戸際にいます。彼もまた、この業界では特殊と言えるくらいの優しい心の持ち主です。取材した相手とは毎度親しくなりすぎて、彼の所属する制作会社には季節を問わず日本中から地の食材が送られてくるほど。一度など、彼が旅番組で取材した、長崎県五島列島のご家族が東京へ家族旅行に来た際、汚い机が並べられただけで何の見所もない彼の会社が、観光名所の一つとして訪問されたとさえ聞きます。けれど良いことばかりではありません。無茶なスケジュール、無茶な予算繰り、無茶な人員配置によって、テレビの現場はしばしば無法地帯と化します。そうなった時、彼の優しさは彼自身を苦しめることになりました。

アシスタントたちの間では様々なミスが生じます。そして皆がその責任から一目散に逃れようとする。テレビの世界に入って最初の一年でまず身につくのは嘘のつき方と責任の逃れ方だ、と恥じることなく宣《のたま》うテレビマンもいます。ハッシーはいつも責任を押し付けられていました。先輩のディレクターに詰め寄られているアシスタントが「橋下にやれって言ったんですけど」と口にする光景は常態化していました。叱責しているディレクターにとっても真実など重要ではないのでしょう。犯人さえ確定すればそれでいい。口角泡を飛ばすディレクターの頭の中は、さらにその上に立つ人間にどう説明するか、ということでいっぱいなのです。ですから重要なのは、説明が可能である、というその一点。ある年の夏、沖縄で行われたロケの撮影素材が収められたSDカードが一枚無くなるという事件が起きました。規模の大きい撮影だったため、ディレクターもアシスタントも複数人の体制でロケは行われました。関わる人間の数が増えれば増えるほど、この手のリスクは倍々に増していきます。それは各作業の担当、責任の所在が不明確になりがちだからです。このロケでは、本来撮影後にすぐやるべきだったデータのバックアップがまず行われておらず（というよりも、事前に予備の記録媒体を誰も用意していなかったため、現場でデータのコピーができなかった）、さらに収録済の大量のメディアの管理者も不明確で、カメラマンたちは近くにいたスタッフにばらばらとSDカードを手渡すという危険な事態に陥っており、さらに、収録直後にすべてのメディアを確認し、ナンバリングするという基礎的な作業さえ誰も行っておらず、東京に戻った後の編集段階でディレクターが素材の不足に気づく、という最悪の結果に至ったのでした。私に言わせれば、十分な準備ができないようなスケジューリング、スタッフ配置を行ったプロデューサーにこそ責任がありますが、実際に自分の責任を認めようとするプロデューサーなどほとんど存在しません。ここは責任を躱《かわ》すことに長けた人間が出世するグロテスクな世界です。結果、恥ずかしくて目も当てられないような犯人探しが行われ、いつもの通り、ハッシーがその生贄《いけにえ》となったのでした。具体的にどこでどのようにしてSDカードが失われたのかは明らかにならないまま、もともとメディアの管理を担当するはずだったのがハッシーだったかのように断じられ、彼が謝罪することで全員が納得したのです。番組に関わっていなかった私は、そばで見ていたその光景に居ても立ってもいられず、ハッシーに声をかけました。自分に責任が無いなら無いって言わなきゃダメだ、と。その時彼が言った言葉を私はずっと覚えています。

「僕まで自分が悪くないって言い出したら、この問題はずっと解決しないじゃないですか。それは誰にとっても良くないので、僕が悪いってことになればそれでいいんです。それも自分の仕事の一つだと最近は思えるようになってきました。それに、そもそも僕もスタッフの一人だったので、責任が無いとは言えませんし」

私はそれに何と返せばいいかわかりませんでした。この業界で生きていくには真っ当すぎるのではないかと思いました。もう少し器用にならないといつか潰れてしまうのではないかと。私はその後、番組プロデューサーに話をしてみることにしました。本当にハッシーに責任があるとは思えない、彼はいつもああやって、事態を丸く収めるために自分を犠牲にするのだ。それに、こんなことが常態化しているのは他のスタッフにとっても良くないのではないか、と。するとプロデューサーは顔を引き攣《つ》らせるようにしてこう答えました。

「でも、橋下も認めてるからな」

ああ、この人と話をしても無駄だなと思いました。このチームは上から下まで腐っている。唯一真っ当なのはハッシーだけなのかもしれないとさえ思いました。こんな場所に居ては彼自身が腐るのも時間の問題だろうと。それから、私は自分の企画が通るたびにハッシーをスタッフに引き入れるようにしました。少しでも真っ当な制作現場で腕を磨いてほしいと思ったからです。そして彼は持ち前の誠実さで、着実に仕事をこなしていきました。

余談ですが、ある番組の打ち上げで、ハッシーが一度だけ自分の生い立ちを語ったことがあります。それはハッシーが一年中着ている灰色のパーカーについて、スタッフの一人が言及したことがきっかけでした。背に何の変哲もない大きな英語がプリントされたそのよれよれのパーカーは、顔も知らない父親のものだと言うのです。

「どこかで見つけてもらえたらな、とは思いつつ、僕に気づいたところで父親が話しかけてくれるとは思えないんですけどね」

その話は、それこそ一本のドキュメンタリー番組になってもおかしくないほど壮絶なものでした。

ハッシーは戸籍を持っていませんでした。正直に言って、私はその話を聞くまで、この国に戸籍を持たない人がいるなんてことを想像したことさえありませんでした。しかし現に、ハッシーは戸籍を持たず、それによって生じるあまりにも理不尽な仕打ちを散々受けてここまできたのです。聞けば、日本の無戸籍者はおよそ一万人。そもそも家族を単位として身分関係を登録する戸籍という制度は、世界でも日本と中国にしか無いと言われるほど特殊なもので、無戸籍問題はそれに起因していると考えられています。最も典型的なケースは、いわゆる「離婚後三〇〇日問題」によるもの。女性が夫と離婚した後、次のパートナーとの間に子どもが生まれた際、それが離婚から三〇〇日以内であれば、その子どもは戸籍上元夫の子どもとして登録されてしまうという決まりのことです（二〇二四年改正予定）。この制度があることによって、子どもが元夫の戸籍に入ってしまうのを避けるため、母親はその子の出生を届け出ることができず、結果、その子は戸籍を持つことができないままとなってしまうのです。ハッシーも同様のケースでした。母親は元夫から常習的なＤＶを受けており、離婚を求めても応じられずに苦しい日々を過ごしていました。しかし、ＤＶ被害者の支援団体と繋がって離婚手続きがようやく進み、心優しい男性と出会います。そうして生まれたのがハッシーでしたが、先述の事情から出生届を提出することができず、無戸籍となったのです。その後、信頼していたハッシーの父親は突如姿をくらまし、母親は女手一つで彼を育てました。しかし、戸籍が無ければ高校へ進学することも、アルバイトで金を稼ぐこともできません。やむを得ず、中学卒業と同時に違法な建設現場で不法滞在の外国人たちに混じって働くことになったハッシーは、ある日の夕刻、何を見るともなくつけていたテレビの中である発見をしたのです。

「何のバラエティだったか覚えてないんですけど、芸人さんたちがスタジオで騒いでるような番組で、その中でたまにADっていう肩書きの汚い男の子がタレントにいじられて画面に出てたんです。こんなこと言ったら悪いんですけど、その子が本当に、何というかデキが悪そうで、で、僕にもできるんじゃないかと思ったんです。それまでテレビを作ってるのは一目見てわかる超天才だけだと思ってたんですけど、そうじゃないんだってそれでわかったっていうか、はい」

私たちは、何がきっかけになるかわからないものだなあと面白がりつつ、もしかしたら、ハッシーはそのADを見た時に、自分があの立場になれば、画面を通して父親に発見してもらえるかもしれないと思ったのではないかと想像しました。父親と再び出会い、手続きは限りなく煩雑ですが我が子として認知をしてくれれば戸籍が得られるのです。言わずもがな、彼はいまだに戸籍を持っていません。フリーランスのスタッフとして金を稼げるようにはなりましたが、健康保険に入ることも、結婚することも容易にはできません。「でも、好きな人と一緒に暮らすのに結婚が必要なわけではありませんから」と言う顔には、これまでの苦労と、これからも強いられるであろう不条理にどうすることもできないという諦観《ていかん》の影が差しているように見えました。いずれにしても今回のシリーズのどこかで、彼にはディレクターとしてデビューしてもらおうと考えています。ハッシー自身も、今回が自分にとって大きなチャンスになるだろうと感じているようでした。

そしてもう一人、番組制作に欠かせないのが構成作家です。放送作家とも呼ばれる彼らの仕事は多岐にわたっており、それを説明することは容易でありません。コントの台本を書く人もいれば、クイズの問題を作る人もいます。ドキュメンタリーを主とする私の場合、構成作家に求めることはたった一つ。客観的な目線を提供してくれること。第一部で説明した通り、自分が制作現場の渦中《かちゅう》にいる時、客観的にその内容を見ることは極めて困難です。ですから私は常に、信頼のおける構成作家に協力を仰いで、客観的な目線を保てるようにしています。今回は子ども番組からドキュメンタリーまで幅広い経験を持つベテラン作家である津村さんにお願いをしました。

さて、現場で主に動くのが、プロデューサー兼ディレクターの私、ディレクターのノムさん、アシスタント兼ディレクターのハッシー、構成作家の津村さんの四人に決まったのと時を同じくして、プラットフォーム側のプロデューサーチームも人員が配置されました。驚いたのは、契約担当、コンプライアンス担当など役割が細分化されていることに加え、ほとんどが女性によって構成されていること。このシリーズを担当することとなった六人のプラットフォームスタッフのうち、男性は一人だけです。日本のテレビの現場では、女性の割合は一～二割にとどまるのが常でしたから、実に驚くべきことです。制作スタッフが男性だけになってしまったアンバランスさに少なからぬ懸念を持っていた私にとっては、思ってもみなかった幸運でした。

取材対象の検討

ドキュメンタリーの命は取材対象です。その他の番組と異なり、ドキュメンタリーでは多くの場合、制作者の眼前に取材対象が現れることによって企画が走り出します（バラエティ番組ではそのパターンは基本的にありません）。しかし、今回は事情が少し違います。死を真正面から扱うんだ、というテーマだけが先行して決まっており、何をどう取材するのかは決定していませんでした。

ここで、取材対象の検討のために行った制作会議の議事録を転載します。

2022年2月某日（リモート）
参加者：カミデ、津村、野村、橋下
議題：取材対象の検討

番組の目的、注意点、今考えている取材先について（カミデ）

人間の死について考えられる番組にしたい。そのため、死に向き合っている人、自分が死に直面している人、あるいは亡くなってしまった人の周囲の人たちの言葉、表情を撮っていきたい。取材対象として極めてセンシティブであることに間違いはないので、今まで以上に注意深く進めていく必要がある。

今考えているのは、終末期医療（病気が治る可能性がなく、数週間から半年程度で命を落とすだろうと判断された患者の最後のケアを行う医療）の現場。死を実感せざるを得ない状況の人たちに話を聞くには、最適な場所なのではないか？

取材対象案（野村）

山岳救助に密着はどうか？　生死の境にいる人を助けるため、自らも危険な場所へ赴く人たち。これまで様々な死を目にしてきただろうし、その遺族たちの振る舞いも見てきただろうから話を聞いてみたい。また、現場では命に関わる様々な選択もあるだろうから、死について考えるにはいいのではないか。当然、彼ら自身も常に死の瀬戸際にいるわけだから、様々な視点から死について考えさせてくれそう。取材ハードルが高ければ、都内の救急救命士に密着するのも良さそう。

取材対象案（橋下）

葬儀場はどうか。故人に話を聞くことはできないが、遺族の話は聞くことができる。加えて、火葬を担当している従業員や、葬儀屋さんの話も聞きたい。映画『おくりびと』の題材になった納棺師の話も。また、角度は違うかもしれないが事件の被害者の検死をする法医学者も興味深い。特殊な死の現場をいくつも見ている人で、医学的な側面からの死についても知ることができそう。取材ハードルもそこまで高くないと思う。

または、自殺志願者にアプローチするのはどうか。今ならＳＮＳで自殺をしようとしている人を見つけるのは難しくない。自殺に失敗したばかりの人も見たことがある。

意見（津村）

救助隊の密着は正直色々な番組で見る。また、制作側がどうしても大きな事故を待つ構造になってしまうのでなるべく避けたい。一方、葬儀場や医療施設は誰を主人公にするかによって全く違うものになる。マンパワーが十分あれば、その現場のそれぞれの役割の人に密着できるといいが、現実的にどうだろうか。ただ、コロナ禍の今だからこそ撮れるものもあるだろうから、その点は十分検討できる。SNSで自殺志願者を探すのもありだが、偽の自殺サイトのようなものを番組で立ち上げて、そこに応募してきた自殺志願者を取材する、というのはどうだろうか。色々なリスクがあるだろうし、実現可能性はわからないが。

意見（カミデ）

救助系は画に動きがあるし、事件、事故の現場に遭遇する可能性が高いのでテレビ的な「撮れ高」で言えば好ましい取材対象だと思う。ただし、それゆえこれまでたくさんの番組が扱ってきたわけなので、今回は新しい挑戦をするという意味で、一旦保留したい。ただし、山岳、海上、都市と様々な現場があるので、シーズンによって対象を変えながらやっていくというのはありな気もする。また世界配信ということもあるので、救急救命の現場にお国柄など出たらそれも興味深い。テレビ的に派手な動きなどは求めないことにして、じっくり死と向き合うには誰にカメラを向けるべきか、という目線で検討したい。その点、故人の周囲の人たちの振る舞いに焦点を当てるという意味では葬儀場を取材するのは賢明だと思う。また、やはり末期癌の患者さんが最期を過ごす施設や緩和ケア病棟で話をじっくり聞くのは現実的な線だと思う。コロナ禍で面会さえもできなくなっていると聞くので取材のハードルは特に高いと想像されるが、逆にその中の様子には興味がある。死が間近に迫っている入所者たちの安全を守るために、職員たちが奮闘している様が想像できるし、場合によっては命の優先順位、という概念が立ち上がる可能性もある。一見何も起こらない静かな撮影現場に思えるが、その実静かにたくさんのことが起こっているような気がする。また、自殺サイトを立ち上げるのは企画としてものすごくエッジが立っていて、その危険な匂いは人の興味を引くだろうから、アイディアとしては持っておきたいと思う。実現にあたって潰さなければならないリスク因子があまりにも多いので、もう少し体制を整えて望まないといけないとは思う。

結論（カミデ）
まずは緩和ケア、終末医療施設、葬儀社にアプローチして可能性を探ることから始める。

取材許諾取付

想像していたことでしたが、取材対象の方向性を見極めたところで、撮影の許諾を得るのは途方もなく難しい作業でした。

葬儀場に至ってはそもそも数が限られており、早々にすべての取材候補から断られてしまいました。ひっきりなしに新たなご遺体が運び込まれる現場では、傷心のご遺族に対し毎度撮影許可を取り付ける、というのは確かに現実的でないのでしょう。そのうえこの疫病禍ですから、葬儀場によっては参列されるご遺族の人数に制限を設けているところもあり、とてもではないが取材のカメラなど入れられない、というのが実情でした。

一方、終末期医療を行う施設への取材依頼はまた別の問題を抱えていました。取材のテーマが死だ、と伝えた時点でほとんどの担当者が拒絶するのです。実際には施設側が終末期医療（またはターミナルケア）という言葉を使うことも多いわけですから、その地が終着点、死の現場だということは自覚しているわけです。しかし、それをあらためて「死」という言葉をもって突きつけられると後退《あとずさ》ってしまう。その気持ちもよくわかります。言わずもがな、施設の担当者がどう考えるかということの先に、そのテーマの下にカメラを向けられる入所者たちがどのような気持ちになるか、ということがあるわけです。余命幾許《いくばく》もなしと宣告され、それでも充実した日々を送りたいと最後の力を振り絞る人たちに対して「死について教えてくれ」だなんて、残酷以外の何ものでもない。

また、処置が奏功《そうこう》すれば自宅療養に切り替えるケースもあるので、入所者全員にとってそこが死の現場になるとも言い切れない。死を扱おうと決めた時点で、私たちは果てしなく困難な課題を抱えていました。

しかし八方塞がりに思えるどんな局面でも、根気良く壁を叩き、隙間を覗《のぞ》き込むことをやめなければ道は拓かれます。

ファーストコンタクト

「いけるかもしれません」

電話口の向こうでも上気した様子の浮かぶハッシーがそう言ったのは、スタッフ総出で施設へのアプローチを開始してから一ヶ月ほど経った時のことでした。

「大田区のひまわり医院っていうところの安田さんっていう院長が直接メールで返事をくれまして話を聞かせてくれとのことです」

息継ぎもせずに捲《まく》し立てるハッシーの長い一文を聞いた私も、やはりこちらの電話口で興奮を抑え切れずにいました。これまではほとんどの場合、窓口のスタッフから断りの連絡を入れられるか、あるいは音沙汰も無いということばかりでした。その中にあって院長から直接の返しがあっただけでも飛び上がるほど嬉しいうえに、話を聞かせてくれとは。本来であればすぐにでも先方へ赴き、企画の意図を思う存分話したいところでしたがそうはいきません。緊急事態宣言自体は解除されましたが、まだコロナウイルスの脅威は至る所にあります。ひまわり医院はホスピスの機能を有する中規模病院。つまり打ち合わせの相手は免疫力の低下した患者を抱える施設の長。私たちの抱えるリスクとはその切実さの度合いが違います。すぐにリモートで話をさせてもらえるようハッシーに段取りをお願いしました。早速その翌々日に開かれた遠隔での顔合わせは、私たちにとって一つ目のブレイクスルーとなったのです。

医院側に指定された打ち合わせの時間はなんと夜の一一時。真っ当な時間帯では業務外のことに時間を割けないのでしょう。そして初めて顔を合わせた安田院長の姿は、画面越しにもその過酷な日々が伝わってくるほどでした。何日も手入れをされていないと思《おぼ》しき頭髪、襟元のよれきったTシャツ、特殊メイクでもしているのかと見紛うほどに黒々としたクマ。しかしその目の奥には、確かに大きなエネルギーが満ちているのを、そこに参加していた私たち制作スタッフ全員が感じていました。

「死を目前にしている人たちの語る言葉には力があります」

こちらから何を聞くより先に、安田院長は迷いなく言いました。

「きっと他にも色々な病院に取材のご依頼をされたかと思いますが、どこも難しかったでしょう？」

見透かされているようでなんだかこそばゆく、答えに窮していると院長が言葉を継ぎます。

「当然ながら医療機関が、それも私たちのように感染が即、生存リスクに繋がるような患者を抱えている施設が、部外者の侵入を要する取材に応じるなどというのは本来あり得ません。それは施設としての倫理に悖《もと》る行為、判断だとさえ言えると思います」

会議の参加者は皆別々の場所にいるにもかかわらず、好ましくない空気がそのバーチャルな空間に漂うのを感じました。しかし院長はこう続けたのです。

「しかし、私たちの施設は患者たちのためだけに存在しているのではありません。誤解を恐れずに言えば、ですけれど。もちろん、第一に患者です。そこは間違いありません。

それを疎《おろそ》かにすることは許されません。しかし一方で、患者のためになっていればそれでいいのか、と言えばそうではないとも思うんです。私も、施設も、この社会の成員です。この社会のためになると信じられることがあれば、最大限の努力をもってその実現を目指す。それは必要なことだと思っています」

つい数秒前に立ち上った不穏さは一息に霧散《むさん》しました。空気は画面を通してでも伝わるものなのだなあ、と妙な感心さえ覚えました。

「お送りいただいた企画書を拝読しまして、ああ、これこそ今やるべきことに違いない、と思ったんです。パンデミックは本当に大きな事件でした。患者たちはただでさえ無力感に苦しめられているのに、ニュースを見れば病床が足りない、医療が逼迫《ひっぱく》していると言って止みません。そんな言葉を聞いたら、自分たちは早く死んで、ベッドを一つ空けたほうがいいんじゃないかと思う人だって出てきます。挙句、トリアージの議論まで始まって。皆さんトリアージはご存じですか？」

トリアージとは、災害時などに医療リソースが不足した際、傷病者の重症度、緊急度に応じて治療の優先順位を決めることです。それは端的に言って命の優先順位を決めることであって、この議論が生じるような状況における終末期患者の心情は推して知るべしというところでしょう。

「とにかく、うちの患者たちは自分たちの存在意義を突きつけられるような状況に置かれました。これまで以上の不安感に襲われる患者たちに、私たち職員はどう声をかけるべきかわかりませんでした。あなたの命には価値があるんだ、と言ったところで、それが彼らをどれだけ励ませるでしょうか。ですが、あなたの言葉が必要なんだ、と伝えることは、きっと彼らを勇気づけると思うんです。あなたたちの言葉が、今を、これからの困難な時代を生きようとする人たちにとってどうしても必要なんだと。現に私自身、病床でただ死を待つばかりだったある患者の言葉があったからこそ、今もこうしていられるんです」

院長の話は次のようなものでした。

ひまわり医院が開院される以前のこと。彼はある病院で勤務医として務めていました。厳しい状態に置かれた患者たちに誠心誠意向き合いながら、親族たちのケアはもちろん、共に患者と向き合う看護師たちの心身にも目を配り、関わる全員が可能な限り幸せでいられるようにと、朝から晩まで一日たりとも休むことなく、身を粉にして働いていました。しかし、「目の届く全員を幸せに」など土台無理な話です。彼はその無力感に苛まれました。どれだけやっても、どこまで考え抜いても、必ず誰かが不満を抱えてしまう。そうして彼の心はゆっくりと、しかし確実に蝕まれていったのです。「この業界では本当によくある話なんですけども」と院長は幾分恥じ入るように言いました。「誰かのためになりたい。人のために尽くしたい、という思いが強い人ほど、自分の心が危険な状態にあることに気づけないのかもしれません」と振り返ります。

慢性《まんせい》的な倦怠《けんたい》感が深刻になり、食事がまともに喉を通らなくなると、見る間に体重は減り、目は冗談みたいに落ち窪んでいきました。その状況を見かねたある先輩医師が、一度仕事を休むようにと勧めます。仕事だけが人生じゃないんだ、とその医師は言ったそうです。しかし意外なことに、良かれと思って投げかけられたその言葉によって、彼は一層追い詰められるような気持ちになったと言います。自分のこれまでやってきたことを、もっと言えば人生そのものを否定されたように感じたのです。進むも地獄、退くも地獄といったところでしょうか。そんな折、病床に臥《ふ》すある男性から重要な言葉を投げかけられます。

「私は今のあなたが羨《うらや》ましいです」

そう言ったのは、身体中にたくさんの癌を抱えた末期患者でした。日々のほとんどを寝て過ごす男性が、突然声を絞り出すようにして彼に語りかけたのです。

「私もあなたみたいに、死ぬほどの思いをかけて仕事をすべきでした」

強力な麻薬系鎮痛剤で朦朧《もうろう》とする意識の中、それでもその男性には重要なことが見えていました。

「仕事に人生をかけきれなかった。今になって一番後悔していることです」

そう言って、再び眠りの中に落ちていったそうです。

「普通逆だと思いませんか？」と安田院長はＰＣ画面の向こうで言います。

「今際《いまわ》の際では大体、『仕事ばかりの人生に後悔している。もっとやりたいことをやるべきだった』と言うのが相場じゃないですか。だけど、その人は違ったんです。彼はもっと仕事をしたかったと言いました。あまりの忙しさに文字通り忙殺されそうになっている私を見て、羨ましいと言い放つのです。彼がどんな人生を歩んできた結果、そう思うようになったかはわかりません。しかし、人生をかけて、正面から仕事に没頭することが決して間違っていないんだとその時思えて、だいぶ心が楽になりました。何というか、この仕事で心も体も壊れるならば本望だ、という心持ちで業務にあたると、逆にストレスが減ったんです。不思議なことですが、それ以来心を病むこともなく今に至っています」

それが院長の話でした。死を目前にした人の言葉がどれほど力を持つか、彼はよく知っていた。院長は私たちよりよっぽど、この企画の意義を理解してくれていたとも言えるでしょう。そして私たちは具体的な取材遂行のプランを検討する段階に入っていきました。

撮影プラン

いかに人間の出入りをゼロに近づけられるか——それがこの取材における最大かつ唯一の課題でした。極端な話、撮影スタッフの侵入をゼロに抑えた撮影が可能であれば、ウイルスを院内に持ち込むリスクもまたゼロとなります。そこで私たちは院長を始め、看護課長ら数名の医院スタッフの知恵を借りながら、実現可能な必要最低限の撮影体制を検討しました。ここで、その会議の議事録を転載します。

2022年4月某日（リモート）
参加者：カミデ、野村、橋下、安田院長、福井看護課長
議題：取材方法の検討

大きな方針と、確認したい院内の撮影リソースについて（カミデ）
とにかく人間の出入りを最低限にしたい。そのためにまず、院内にある撮影リソースについて確認させてほしい。例えば監視カメラ。防犯や患者の見守りのために設置されている監視カメラの映像だけで番組を構成することはできないか？

監視カメラに関する解答（福井看護課長）

院内の監視カメラはエントランス、廊下、食堂など共有部のみに限られており、病室には設置されていない。これは患者のプライバシーを尊重したいという当院の方針によるもの。また、映像は使用可能な品質だろうが、音声収録機能はおまけ程度で、会話を聞き取ることも難しかったはず。

ひまわり医院スタッフによる撮影可否について（カミデ）

本来こんなことをお願いするのは失礼極まると承知のうえで伺いたい。ひまわり医院のスタッフの中で、カメラの扱いに慣れている方はいないか？　その方に機材を託し、我々は遠隔で指示を出させてもらうということはあり得るのか？

ひまわり医院スタッフの撮影稼働に関する解答（福井看護課長）

それは現実的ではないと思う。家族の映像を撮っている者や、カメラが好きなスタッフはいるが、医療、看護業務以外の作業をやらせることは難しい。従来からの人手不足に加え、緊急事態宣言発令直後に辞職してしまったスタッフも多数あり、現在人員が足りていない状況。既に定量以上の業務を担ってくれているスタッフに、撮影までお願いすることはできない。

追加の解答（安田院長）

リスクを最小限にするために、撮影スタッフ無しでの取材を検討してもらえるのは嬉しいが、現実的ではないと思う。さらに言えば、患者を撮影するのであれば、撮影スタッフがしっかり向き合ってやってほしい。定点カメラで撮れた映像を後で編集して番組にするというのは、今回はやめてほしい。しっかりと心を通わせるように取材してもらいたい。そうしてもらえれば、患者たちも取材を受けて良かったと思えるんじゃないかと思う。

結論（カミデ）

撮影は我々スタッフが院内でカメラを持って行う。最小限の人数、最小限の入れ替えで済むように一度検討する。

この会議を受けて、私たちはノムさんとハッシーの二人体制で取材を行うことに決めました。取材期間は一ヶ月。二人は二四時間交代でカメラを回し続けます。一人のスタッフが一週間ほど泊まり込んで撮影するというアイディアも検討しましたが、スタッフの宿泊設備を整えてもらう必要が生じてしまうことや、ディレクターの消耗を考えれば、二四時間での交代が限界だと判断しました。一日に一度、人間の出入りが生じてしまいますが、病院の近くにマンスリーマンションを一室借り、非番のディレクターはそこでデータの移行や編集作業をすることで他人との接触を避けられるようにしました。同時に、取材に入る前のＰＣＲ検査と、マンションに戻った際に毎回抗原検査を行うことを決め、万全の体制を整えました。

これがディレクターデビューとなるハッシーは、何ヶ月間泊まり込んでも構わないとばかりに鼻息荒く、マンションに一ヶ月分の栄養ドリンクとゼリー飲料を運び込んだ時にはノムさんに呆れられていました。

そして、ひまわり医院の駐車場を覆うように枝を広げる桜の大木がピンクに色づき始める頃、撮影は開始されました。

進捗報告

「本物の優しさってこういうことなんだなって、僕初めて知ったかもしれません」

ハッシーはPC画面の中で、相変わらず興奮を隠そうともしません。

「安田院長はすごい人です。あの人は本物ですよ」

カメラを回したたった数日のうちに、ハッシーはすっかり院長の虜になったようでした。

「膳場《ぜんば》さんっていう、古株の患者さんがいましてね」と彼は話し続けます。

「かなり認知症の症状が進んでるおばあちゃんなんですけど、ちょっとワガママというか、面倒なところがあって。まあ、もちろん認知症だから仕方ないのは仕方ないんですけど、とにかく、近所の和菓子屋に行くって言って聞かないんですよ。そこのどら焼きを買ってみんなに配りたいんだって。甘さが控えめで、あんこの粒が立ってて、黒糖の香りがすごいんだって。それで一番不思議なのは、確かにその和菓子屋さんは一駅隣まで歩いて行けばあるんですけど、膳場さんが行きたいって言うのが水曜日で、で、それ定休日なんですよ。ピンポイントで。それで、どの職員に言っても、『今日はお休みなんですよ』って諭されて連れ出してもらえないんですけど、院長は違うんです」

私は彼の言葉を遮りたくなくて、口を開かずにただゆっくりと首を縦に振り続けます。

「院長は『えー！　私黒糖大好きなんです。すぐ行きましょう！』って言って、車椅子押して出かけようとするんです。僕、それ見て、あ、今日お店開いてないの知らないんだと思って院長にこそっと『今日お店閉まってるみたいです』って言ったんですけど、『まぁまぁ』みたいな感じで聞く耳持たないんです。それで、往復四十分くらいかけて戻ってくると、二人ともやっぱりちょっとしょんぼりしてるんですよ。『どうでしたか？』って聞いたら、『まさかの定休日でした』って院長。膳場さんも『あの粒々の餡《あん》、みんなに食べてほしかったなあ』なんて言うんですよ。正直僕からしたら、だから言わんこっちゃないって感じなんですけど、それで、後で院長に聞いたんです。あれ、何でわざわざ店まで行くんです？　って」

「うんうん」

「無駄じゃないですか？　って。そしたら、『気持ちはわかりますよ。でも、膳場さんにとっては、行ってみないとわからないことなんです。だから一緒に行ってみて、確認する。それでいいんです』って言うんです。『二人でどこかへ行って帰ってくる、それも大切なことだと思いますよ』って」

私はハッシーの長々とした喋りに実のところ聞き入ってしまい、映像を見るまでもなく安田院長の魅力をひしひしと感じていました。

「それで、じゃあ翌日もう一回お店に行ってみればいいじゃないですか？　でも、もう膳場さんはどら焼きのことなんてすっかり忘れちゃってるんですよ。『何のこと？』みたいな。で、次の水曜日にまた思い出すっていう。なんか、本当に不思議なことがありますよね」

本当に不思議だ、と私も思いました。「それって、膳場さんて方はもしかして定休日だってわかってやってたりするのかな？」と私が聞くと「んー、潜在的にわかってるみたいなことはあるかもしれませんが、毎週わざと閉店の店に行ってるとは思えないんですよね。毎回リアルにへこんで帰ってきますから」

私たちが日常の中で強いられてきた合理性の呪いから、そこは解放されている。私たちにとって本当に大切なものが何か、そこの人々が教えてくれるかもしれない。私はそう思いました。ハッシーからそんな奇妙なルーティンの話を聞くにつけ、このドキュメンタリーはきっと素晴らしいものになると確信を強めていくのでした。

事件の発生

原因はわかりません。しかし、最も恐れていたことが起こってしまいました。

コロナウイルスの院内感染です。

入院患者の発熱が確認されたのは、取材を始めて三週間が過ぎた頃でした。最初に発熱を訴えた高齢の男性患者は、これまでもたびたび誤嚥《ごえん》性《せい》肺炎を起こしており、担当医は今回も同様の症状だろうと考えました。「まさか」という疑念が立ち上がったのは、同日中に看護スタッフの一人が倦怠感を訴えた時です。体温を測ると既に38・5℃を超えています。その頃には、発熱のあった高齢男性はこれまでにない喉の痛みを訴え始めていました。院長はすぐに最悪の事態、つまり院内でのアウトブレイクの可能性を受け入れ、全患者、全スタッフのPCR検査を実施。保健所には院内感染の可能性があることを報告しました。

検査結果を待つまでもなく、翌日には院内でクラスターが発生していることがほとんど確定していました。さらに一人のスタッフと二人の患者が発熱や喉の痛みを訴えたのです。ひまわり医院の様子はこの日を境にがらりと変わってしまいました。院内は瞬く間に清潔区域、汚染区域、準清潔区域にゾーニングされ、外来患者の受け入れは停止。感染者との接触が疑われるスタッフは出勤停止となり、食事の提供や洗濯を担ってくれていた外注の業者も出入りができなくなりました。稼働できる人員は限界まで削られ、全身を物々しいPPE（個人用防護具）で覆い誰が誰かもわからなくなった残されたスタッフたちが、これまでやったこともないような業務を兼任しながら、駆けずり回るように患者のケアを行うようになったのです。

泊まり込んでいたハッシーのカメラは、ひまわり医院が今まさにクラスターの発生源となっていく緊迫した様を克明に捉えました。諸々の手続きの迅速さは目を見張るもので、過去にアウトブレイクを経験した病院のケーススタディーが極めて有効に機能したことを示しました。そして間も無くＰＣＲ検査の結果が出ると、ハッシーもまた新型コロナウイルスに感染していることが発覚したのです。

この日から、ハッシーは患者としていい取材を続けることになりました。

もちろんその状況は異例中の異例と言えるでしょう。普通に考えれば取材を即時中止し、ハッシーはどこかの病院に移って治療を行うか、マンスリーマンションに籠って治癒を待つしかありません。しかし、彼はひまわり医院に残り、治療を受けながら撮影を続けることになったのです。その決定はもちろん、彼一人でなされたものではありません。院長の提案があったからこそなされたものです。当然、ハッシーがひまわり医院に残るということは、すなわち医療、看護スタッフの負担を患者一人分増やすことと同義です。しかし、院長は急遽開かれた一五分間のリモート会議でこう言ったのです。

「橋下さんを他の病院に追い出したところで、その病院の負担が増えるだけです。あるいはマンションに籠って治癒を待てる程度の症状であれば、それこそうちにいてもらってもスタッフの負担はそれほど増えません。それに、症状が悪化した際には迅速な対応が可能です」

ハッシーのみならず、他の病院さえも気遣うのが院長です。そして彼は続けます。

「それに、橋下さんは既にとても貴重な映像を撮られています。他病院で起こったアウトブレイクの記録を参照することで私たちが適切な体勢を取れたように、本院での感染発生から収束まで、一部始終を映像に収めてもらうことは非常に重要だと思っています。ですので、橋下さんには大変なご負担を強いることにはなりますが、うちの空き病床を一つご利用いただき、可能な範囲で撮影をしていただきたいと思っています」

そしてハッシーは陽性患者が集められた病室の四つ目の病床に臥しつつ、同室の三人にカメラを向けることとなったのです。

責任の所在

ひまわり医院で発生したクラスターは、ある意味で最悪の結末をもって収束しました。

死者二名。
感染したスタッフは全員が早期の服薬で重症化を免れましたが、感染した末期癌患者三名のうち二名が亡くなってしまったのです。見方によっては、感染発生からの迅速な対応によって感染拡大を防ぐことに成功し、患者の感染を三人に抑えることができたとも言えます。しかし、癌に侵され、微かに揺らめくほどになっていた生命の灯火は、コロナウイルスの強風で易々と吹き消されてしまった。緊急事態宣言が解かれ、疫病の恐怖は過去のものと世間が思い始めた矢先に起こった悲劇は世間の注目を嫌でも集めました。他の施設では起こらなかったことがなぜひまわり医院で起きてしまったのか、テレビのワイドショーではその検証が毎日のように行われ、犯人探しがエンターテインメントとして活況を呈しました。

皆さんご承知の通り、ワイドショーにおいて重視されるのは決して事実などではありません。有識者たちによる無責任な予想と、仮初《かりそめ》の犯人像なのです。仮にひまわり医院がただ不運だったただけだとすれば、犯人が不在になってしまう。だから、ワイドショーは安田院長に悲劇の原因を求めました。ある番組では、院長がかつて精神の不調を抱えていたという証言を取り上げ、医療施設の長として適格だったのかどうかという議論さえ交わされました。それはほとんどリンチに近い、人格攻撃としか言いようのない醜悪なものでした。テレビの風評など取るに足らないものだと言うことは簡単です。しかし、その影響は決して軽くありません。ましてや槍玉に挙げられた本人の心は取り返しのつかない深さまで傷つけられてしまいます。そして院長はクラスター発生の責任を取る形で、その立場を辞することとなったのでした。

私たちドキュメンタリー制作スタッフは、そのグロテスクな見せもの小屋を横目に、息の詰まるような思いに耐えながら編集作業を続けました。あの現場に私たちの取材が入っていたことが明かされれば、責任追求の矛先がこちらに向いてしまうかも知れない——そんな恐怖もそれぞれの胸を波立たせました。そしてその不安を振り払うように私たちは、一層作業に没頭するのでした。

初めは私とノムさんで手分けをしながら、しばらくしてからは体調の回復したハッシーが加わって、ひまわり医院で巻き起こった命の現場の実相をどうすれば最も効果的に視聴者に伝えることができるのか、これまで培ってきたすべての能力を駆使して考え続けました。

本来であれば決して褒められることではありませんが、私たちはろくに家にも帰らず、編集所と化したオフィスのソファを交代でベッドにしながら作業を進めました。もちろん、社会的な関心をこれだけ集めた事件ですから、その熱が冷めないうちに世に出したいという、商業主義的な目論見もあります。特にそれはプラットフォームからの言外の要請でもありました。

しかしそれ以上に、私たちを突き動かすものがあったのも事実です。カメラに収められた光景のあまりの激烈さ、その痛ましさや美しさのすべてが私たちに休むことを許さなかったとも言えた。これを世界に出すにあたってはどんな妥協も認められない――撮影素材の一カット一カットが、私たちをそう駆らせるのです。同時に私たちの脳裏には常に安田元院長――そう、すでに元院長となってしまったあの善良な男の姿が浮かんでいました。彼の他者に対する眼差しの暖かさ、燃えるような責任感、そしてどこまでも見渡せるように澄み切った精神を描き切る義務がある。私たちが禄《ろく》を食《は》むマス・メディアが地に落とした彼の社会的評価を、マス・メディアによってもう一度引き上げる。そのために、私たちは何があっても全力を尽くさないわけにはいかなかったのです。

実に三ヶ月近い日々をそのようにして過ごしました。耳障りな鳴き声を響かせていた夥《おびただ》しい数の蟬たちは、一匹残らず死に絶えました。木肌に足を引っ掛けたまま動かなくなったもの、地面に落ちてひっくり返ったもの、人間の子どもに捉えられて、緑の檻の中で狭い生涯を終えたもの。蟬たちはそれぞれのバリエーションで死を迎えました。

私たちが二時間強に及ぶ完パケ（完成データ）の収められたＳＳＤを抱えて事務所を出た夜には、秋の虫たちが控えめに声を響かせるようになっていました。

番組の成功

『ドキュメンタリー　死の肖像』は配信されるや否や、瞬く間に大きな注目を集めました。もちろん、それはあくまでドキュメンタリーや映像に関心のある人々の間でのことであって、一般に日本国民の大多数が知ることになったわけではありません。しかしながら、職員たちの混乱と葛藤、追いつめられていく患者たち。不安と疑念に駆られる家族や遺族、そして何より、責任を問われる安田さんの苦しみ――。ホスピスの役割も担う中規模病院という極めて脆い存在にとって、疫病がいかに不条理な結果をもたらすかを捉え、その中で繰り広げられる人間ドラマを描き切った映像は国内の賞を一つひとつ着実に受賞し、海外のドキュメンタリーコンテストにもノミネートされるまでになっていきました。私とハッシーは数え切れないほどの取材を受け、毎度同じような質問に対し同じようなことを答え続けました。時には「コミュニケーション論」だとか、さらには「介護の現場について」といった講演会に登壇させられるたび、他に話を聞くべき専門家たちがいるだろうに、と内心で思うこともありました。しかし飽きや疲労よりも、自分たちが認められたのだという喜びがはるかに優り、この勢いを殺してはならないというプレッシャーに追い立てられるように日々を過ごしました。それまでは汚れ仕事ばかりで、評価される機会に恵まれなかったハッシーにとって、その経験は何ものにも替え難かったに違いありません。そして有難いことに、番組のシーズン2の制作が決定したのでした。

その一方で、安田さんは何よりも大切にしていたひまわり医院を追われ、人生の目的であり、喜びそのものであった仕事を失ったままでした。作品を見た人たちは、安田元院長に対して肯定的な印象を持ったに違いありません。それはＳＮＳなどで散見される感想を見ても疑いの余地はありませんでした。しかし、だからと言って、彼の社会的評価を元通りにするには遠く及ばなかったのです。作品によって安田さんの印象が部分的に好転することはあっても、ひまわり医院でクラスターが発生し、患者の命が失われた事実が覆ることはありません。それに、作品が配信された頃にはもうどのワイドショーもこの話題のことは忘れてしまったかのようで、安田さんの印象はネガティブなまま固定されてしまっていました。挽回の機会は失していたのです。

私たちは間に合わなかった。どうにか安田さんの救済になれればと思っていたことは、一つも意味を成さなかった。私たちはその事実にどう向き合うべきか、何らの答えも出せないままに、一度乗った成功の波から振り落とされまいと番組制作に没頭していきました。

課題の整理

第一部でお伝えした通り、本当の苦労は一つ目の成功を収めてから始まります。視聴者の期待が底上げされるのはもちろん、配信プラットフォームの要求は明確に倍増しました。シーズン1で明らかになった課題は端的に言って一つ、国外での再生回数の伸び悩み。そのいくつかの原因は容易に理解できました。

まずは映像の技術的クオリティの不足が考えられました。元々、グローバルプラットフォームで配信する番組には、厳格なクオリティルールが定められています。世界に流通する機材のうち、ごく一部の高品質カメラやマイクの使用だけが許されており、その他収録形式や色の作り方など微に入り細に入り決まりが設けられているのです。皆さんがこのようなプラットフォームの作品を一目見てクオリティが高いと感じるのには、このようなレギュレーションの存在も起因しています。当然、企画や脚本の選定、アサインされる監督の手腕などの方が重要なのは言うまでもありませんが、使用機材や撮影形式は無視することのできない重要な要素です。ただし、ドキュメンタリー番組は映画やドラマとは異なり、このルールが一部適用されないことになっています。それは往々にして、ドキュメンタリーの現場が特殊であったり過酷であったりするため、使用できる機材が限られるから。例えば、映画ではGoProなどのアクションカメラを使用することは許されませんが、ドキュメンタリーでは使用可能です。私たちの番組はドキュメンタリーの範疇ですから、厳密な意味で使用機材の制限は大きくありません。しかし重要なのは、視聴者がどう受け取るか。同一のプラットフォームに並べられた作品の中で『死の肖像』は明らかに見劣りする品質でした。私たちは日本のテレビ番組制作で使用する機材をそのまま持ち込んでいたからです。それでは世界の視聴者を満足させられません。そこでシーズン2の制作にあたって使用機材を一から見直し、可能な範囲で最高の映像クオリティを実現することを目指しました。せっかく捉えたストーリーを最大限に伝えるためには当然のことです。シーズン1でこの部分を詰め切れなかったことに幾らかの後悔が頭をもたげましたが、過ぎたことは過ぎたこと。シーズン2ではプラットフォームの要求が増えるのと同時に制作予算も大幅に増額されたので、人件費と機材費に充当することとしました。

続いて考えられる、海外における再生数伸び悩みの原因は、取材対象にありました。医療施設という題材は、もちろん概ね世界中に存在するものではありますが、それでも一般の視聴者にとっては興味を持ちづらいものだったと考えられます。「日本」における「コロナ禍」の「医療施設」の映像を見たいかと世界の人々に問うた時、芳《かんば》しい返答が得られるとは思えません。これはいわば、間口の問題でした。テーマが施設ではあったものの、シーズン1のカメラは結局のところ人間一人ひとりを深く追いました。あらゆる作品において何より重要なことは、いかに人間を掘り、抉《えぐ》り、描くことができるかに尽きます。小説であろうが漫画であろうが、映画であろうが写真であろうが変わりません。その作品の強度は、いかに人間の核に迫れているかどうかに依存する。扱われているのがどんな属性の人間であっても、どんなに遠く異なる状況にいる人間であっても、その人間の芯が描かれれば、国境の壁は容易《たやす》く取り払われます。世界のどこの誰の心にも訴えかけるものとなるのです。その意味で、シーズン1の中身は紛れもなく普遍的な人間の話ではあったものの、日本の医療施設という間口が狭過ぎたため、世界での再生数は伸びなかったと考えられました。

後出しは卑怯だと言われるかもしれませんが、この結果は十分想定内でした。海外での数字より、私たちはまず日本国内での評価を得ることが必要だと考えていたのです。前述した通り、世界のマーケットで戦うには1アイディアや気合いでは歯が立たない。もう一段階上のクオリティが必要であり、そのためには桁の違う予算と時間をかけなければなりません。そして私たちはシーズン1で国内の評価を得ることに成功し、予算の増額を伴ってシーズン2の制作を始めることができました。ここでようやく、世界の視聴者にも受け入れられるような題材とクオリティを突き詰める段に至ったわけです。

一人を対象とする危険

シーズン2では最短距離で人間の核に到達すべく、「個人」を取材の対象にしようと考えました。この場合、どのような「個人」であれば視聴者に対しての間口を広げられるかを検討する必要があります。私たちのドキュメンタリーの目的は、視聴者が「死」

について考えること。「死」について考えることで、今一度「生」を見つめ直すこと。
では、この目的に適《かな》い、なおかつ多くの人の興味を引くことができる被写体とはどんな人物なのか。個人を取材対象とする時、その選定にはいよいよ注意が必要となります。それは、集団や施設を対象とするのとは異なり、潰しが効かないから。撮影を進める中でその人物に問題があることが明らかになろうが、どうにかしてその主人公の物語を作り切らなければなりません。私は作家の津村さん、ディレクターのノムさんと数日間にわたって議論をしました（ハッシーは身内の不幸と体調不良のため、この時期の議論にはあまり参加できずにいました）。

そして白羽の矢を立てたのは、作家になることを志す一人の青年でした。

彼の名前は伊野久人《いのひさと》。二六歳にして、未だ治療法が確立されていない進行性の難病を抱えていました。筋萎縮性側索硬化症《きんいしゅくせいそくさくこうかしょう》（ＡＬＳ）という病名を耳にしたことのある人は多いのではないでしょうか。運動神経が侵され、まずは手足が動かなくなり、数年ですべての随意筋《ずいいきん》を動かすことができなくなる病です。それはつまり、物を飲み込むことも、呼吸をすることも、目を開けることもできなくなるということ。しかし、幸か不幸か脳も心臓も、あらゆる感覚器官も影響を受けず、明瞭な意識のまま、不動の体に閉じ込められることになります。この状況はTotally Locked-in（完全なる閉ざされ）と呼ばれ、永遠の金縛りとも喩《たと》えられる、ある意味では世界で最も恐ろしい病です。発症後の余命は五年程度と言われていましたが、それは肺を動かす筋肉が不動となり、自発呼吸ができなくなることによる窒息死を前提としています。現代では、人工呼吸器を装着することで窒息する可能性は基本的に無くなりました。後述しますが、ある意味ではその医学の進歩が皮肉にもALS患者を苦しめることになっています。

一定以上の年齢の方なら、二〇一四年に突如世界を席巻した「アイスバケツチャレンジ」は記憶に新しいと思います。あれこそ、ALSの認知を広げ、治療研究を支援しようと企てられた巨大な実験でした。旧Facebook社（現Meta社）の調査によれば二八〇〇万人が参加したというこの試みは、社会現象となったと言っても過言ではありません。しかし、それから十年が経った今なお、有効な治療法はおろか、病気の原因さえ解明されていないのです。自身もALS患者だったアイスバケツチャレンジの考案者は、二〇一九年に三四歳で逝去しています。

大学の文学部を卒業し、一般の企業に勤めながら作家活動を始めた伊野さんを病魔が襲ったのは、社会人になって二年が経った頃。ようやく仕事にも慣れたと思った矢先のことでした。携帯電話を頻繁に落とすようになったのをきっかけに、体が思うように動かなくなっていく違和感を覚え始めます。そして一度目の受診では病名は明らかにされず、二度目、三度目と、病院を渡り歩き、ＡＬＳの確定診断を得た時には最初の異変を感じてから実に半年が経っていました。診断の難しいＡＬＳではよくあることだと言います。そして、それから今年で二年が経過。彼は持ち前の文才を生かすべく、自らの体が動かなくなっていく様を日々ＳＮＳで発信しています。私たちが彼の存在を知ったのも、そのＳＮＳを通じて。興味深かったのは、投稿の中で彼の写真が一切用いられていないことでした。その代わりに並べられた言葉は残酷な病の様相を克明に伝えながら、しかし常にユーモアを伴っており、その書き手としての才能と魅力に私は痛く心を打たれていたのです。彼の多くのフォロワーも同じような眼差しを彼に向けていたに違いありません。想像を絶するような苦悩の中で、どうにか希望を見出そうとして紡ぎ出される言葉の一つひとつに、人々は勇気づけられていました。

そして私は伊野さんと出会い、二度と引き返せない場所へと誘《いざな》われていくことになるのです。

取材交渉

二月の初旬。私が伊野さんの自宅を訪れたのは、珍しく東京に大雪が降った日のことでした。

天気予報を見る習慣のない私は、玄関の扉を開けて初めて、あたり一面が真っ白く覆われていることを知りました。急いで靴を履き替え駅に向かいましたが、電車には遅れが出ており、伊野さんの家に着いたのは約束の時間を十分ほど過ぎた頃。一体全体どうして、よりにもよってこういう重要な場面に限って遅刻してしまうのだろうと、自分の不運を呪いました。

伊野さんは板橋区の北端に位置するアパートの一階で、両親と共に暮らしていました。

彼の母親に案内される形で、私は伊野家の一番奥の部屋、かつては仏間か何かだったと推察される部屋に通されます。ペコペコと頭を下げ、遅れたことを母親に何度も詫びながら、開かれた扉の先の光景に、私は一瞬固まったように動けなくなってしまいました。畳の上に無理やり置かれた医療用ベッドに、置物のように横たわっている人間が一人。

「いらっしゃい」

私が部屋の入り口で立ち尽くしていると、彼はこちらを向くこともなく、小さな声でそう言いました。いえ、きっとそう言ったのだと思います。それは虫の声よりもっと小さくて、耳を澄ませても微風ほども聞こえず、微かな空気の震えと状況を合わせて勘案するに、きっと「いらっしゃい」と言ったはずだと消去法的に推測せざるを得なかった。それほど、彼の肺は既に弱っていたと言えます。そしてその声を頼りにベッドのそばまで歩み寄った私は、伊野久人という存在のあまりの美しさに、喋りかけることも忘れて見入ってしまったのでした。

陶器のようだと、私は思いました。

その肌は白く透き通るようで、奥を流れる血液の青さが仄かに光を受けている。そしてすごく、脆い。細く通った鼻梁《びりょう》と柔らかく開かれた切長の瞼《まぶた》は、冷え切った陶器のような肌に、危うい鋭さを与えていました。叩いたら欠けてしまいそうです。そして私は間も無く、彼がどうして自分の写真をＳＮＳに投稿しないのかわかったような気がしました。それはあまりにも危険だったのです。その顔は美しすぎる。望むと望まないとにかかわらず、彼が顔を出して発信することは大きな結果をもたらすでしょう。それをコントロールするのは容易なことではありません。私はこの時、その覚悟をしなければならないのだと強く思いました。私が彼にカメラを向けることで起こる結末に、自分は責任を負い切らなければならないと。

「死んでませんよ」

冗談めかしてして言う伊野さんの微かな声で我に返った私は、「いえいえ、全然、すいません」と、一言目にしては実に格好のつかない言葉を口にしていました。彼は眼球だけを動かして私を見つめ、まだわずかに動く頬《ほほ》の筋肉で笑顔を作ってくれます。

この時彼は既に、四肢を動かすことができなくなっていました。私に顔を向けなかったのは、首の筋肉が動かなかったからです。自発呼吸はできるため、発声はぎりぎり可能でした。口からの食事と瞬き、右手指の動きもまだ残されています。つまり会話は十分にできますし、指先でのコンピューターの操作や、視線入力装置（Tobii《トビー》）を使用しての文字入力も可能です。

「ダイレクトメッセージでお伝えした通り、私は伊野さんの日々にカメラを向けて、ドキュメンタリー番組を作りたいと思っています」

私がそう言うと、彼は静かに空気を吸い込み、それをゆっくり吐き出しながら「お願いします」と言いました。

この日伊野さんと私が交わした言葉はこれだけでした。それでも十分だったと思います。彼には私を受け入れる準備ができている。それが伝わってきた気がしたのでした。後で伊野さんの母親に聞いたところによれば、伊野さんは『死の肖像　シーズン1』を見てくれていたようです。きっとそれが様々な説明や説得を不要にしたのでしょう。常々思っている通り、誠実に、丁寧に人と向き合いものづくりをしていくことが結局最も合理的なのだと、この時に改めて感じました。

伊野さんの部屋の窓は、壁から一メートルも離れずに建てられたコンクリート塀に下半分を覆われたようになっていて、ベッドに臥す伊野さんからはきっと空しか見えていません。その塀の、幅十センチメートルほどの天面に、雪がこんもりと積もっているのが見えました。これからさらに雪が降り続いたら、塀はどんどん高くなって窓を覆い尽くしてしまうかもしれない。私はそれを妙に不安に思い、雪が早く止むようにと願って、伊野さんの自宅を後にしました。

そうして私は、その数日後からカメラを持って伊野さんのご自宅に通い詰めるようになったのです。

罪と謝罪

ハッシーから話があるとメールをもらったのは、まさに私が伊野家の撮影を始める当日の朝でした。いつもならすぐに電話をかけてくるハッシーがメールを寄越してきた段階で、私は一抹の不安を感じていました。そして昼食時のファミリーレストランでおよそ一ヶ月ぶりに顔を見せたハッシーは、ドリンクバーのコーヒーを二杯飲み干した後、悲痛さを滲ませた表情でこう言ったのです。

「ひまわり医院にウイルスを持ち込んだのは僕だと思います」

それを聞いた時、私の心臓は全速力で走ったばかりのように早鐘《はやがね》を打ち、脈に合わせて視界はドクンドクンと小刻みに揺れ、粘度を持った汗が、寒いはずなのにジリジリと吹き出すのを抑えられなくなりました。

もしかしたら、私はどこかでその可能性に気づいていた。けれど、それがあまりにも恐ろしくて、目を背けていた。しかし、正直なハッシーはその可能性から逃げることができなかった――そういうことを、一分ほどの沈黙の中で考えていました。あれほど感染症予防に力を入れていた施設で、私たちの取材中に突如起こった院内感染。責任追及の矛先が私たちに向かなかったのはほとんど奇跡と言ってよかった。事故の直後は私たちの存在を知られておらず、番組を配信する頃にはもう犯人探しが終わっていた。私たち番組スタッフは誰もそのことについて触れようとはしてこなかった。しかしいつかこの日が来るかもしれないと、私はどこかで知っていたような気がします。

ひまわり医院の取材が進むうち、ノムさんとハッシーはそれぞれのスケジュールと体力を照らし合わせ、二四時間交代のシフトを柔軟に変更していました。時にはノムさんが二日連続で、時にはハッシーが三日連続で泊まり込み、撮影をすることもありました。それは本来、スタッフの健康や精神衛生の観点では忌避《きひ》すべきことでしたが、医院の感染症対策という意味ではむしろポジティブだと考えられたため、私は二人に感謝しつつ、それぞれがやりやすい形で取材を進められるようにお願いしていました。

ひまわり医院で最初の発熱者が出たのは、ハッシーがそこに泊まり込んで三日目のこと。その五日前、ハッシーは祖父の体調が優れないという知らせを受け、長野県の実家まで見舞いに行っていました。その時にウイルスをもらってしまったのだろうと、彼は言います。

「祖父はその後しばらくしてから容態が悪化し、入院しました。そこでコロナに罹《かか》っているとわかったんです。そのことを母から知らされた時にはもう、ひまわり医院で発熱者が次々に増えていましたし、僕自身も発症していました」

そして不幸にも、ハッシーの御祖父は治療の甲斐なく病院で亡くなってしまったのだと言います。私はまず、ハッシーに謝罪しました。それほどの不安を一人で抱えさせたこと、そしてそもそもこのようにして、自分が加害者になるかもしれないというリスクを犯させていたということを、番組の責任者として謝る必要がありました。

確かに、ハッシーがウイルスを持ち込んだ可能性は否定できません。あるいはかなり高いと言えるでしょう。しかし、どこまでいってもそれは可能性に過ぎない。証拠がないし、他のルートでウイルスが持ち込まれた可能性も十分ある。安田院長は細心の注意を払い、万全な対策を講じていたとはいえ、定期的に帰宅している職員が持ち込んだかもしれない。私たち取材スタッフの侵入以外に経路がなかったとは決して言い切れないのです。

私がそのように話をしても、ハッシーの顔に張り付いた悲壮感は少しも剝がれはしません。ハッシーは、自分のせいで二人の患者の命を奪った可能性があること、そしてあれだけ善意を尽くしてくれた安田院長が引責辞任に追い込まれたことに大きな責任を感じていました。

ハッシーは、地元に帰って療養しているという安田元院長に謝罪に行きたいと言います。

私はその提案に、簡単に同意することはできませんでした。

あれだけ温厚で、あれだけ優しさに溢れた安田元院長であっても、追い込まれた今の状況でこの謝罪を受ければどんな反応をするか想像ができません。激昂《げきこう》し、責任の追及が始まれば私たちはどうするべきか。確証のないことで弁済するのは不自然ではなかろうか。確かに、謝罪をすればハッシーの心が落ち着くというのであればそうする意味はあるでしょう。しかし、その結果起こりうることを考えれば、不当にリスクばかりが高いように思える。何より、謝罪をすれば責任を認めたことになります。それが明るみに出れば、せっかく走り出したシーズン2の制作が打ち切りになる可能性も十分にある。それだけは避けたい。それはハッシーの今後にも大きく関わってきます。複雑な事情を抱えた家庭に生まれ、まともに学校に通うことさえできなかったハッシーは、学歴不問のテレビの世界にほとんど裸一貫で飛び込んできました。そしてはたから見れば耐え難いほどの辛酸《しんさん》を舐《な》め、今回の番組でようやくディレクターとして認められたばかり。とにかく早く、母親に楽な暮らしをさせてあげたい――そう言っていた彼の望みがいよいよ叶《かな》えられる、その入口にようやく立てたのです。番組に傷がつくことは、すなわちハッシーの経歴に傷がつくこと。その後ディレクターとして仕事を続けることは容易でありません。

「その謝罪が誰のためのものなのかって、考えたことはある？」

私はハッシーの目をじっと見て問いました。

「謝罪が誰のためかとかは、考えたことありません」

ハッシーは不安そうな眼差しを、もしかしたら何かの救いを求めるような眼差しを、私に向けました。

「違ったら申し訳ないんだけど、謝れば安田さんは許してくれるだろうって思ってたりはしない？」

ハッシーは私を見つめたまま、口を開くことができないでいます。

「安田さんの優しさに寄りかかって、自分の心の負担を解消してもらおうとしてるようにも見える。そんなことはないかな？　仮に、それで安田さんが怒って、ハッシーと番組に責任を取れと言ってきたとしたら、ハッシーはどうするかな？　どう思うだろう？」

ハッシーは俯《うつむ》いて、しばらくそのことについて考えたようでした。

「謝らなければよかったって、思うかもしれません」

そう言うと、ハッシーは奥歯をぎゅうぎゅうと嚙み締めながら、静かに涙を流しました。

私は、近いうちに一度、安田さんに会いに行くことにするとハッシーに言いました。安田さんの様子を見て、それからまた考えようと。しかし、少なくとも亡くなってしまった方のことはもうどうにもできないし、安田さんがもう一度院長になれることもない。そのことだけは理解して、罪悪感と向き合い、先のことを考えようと、そう伝えてその日は別れました。

「お話しできてよかったです」

去り際のハッシーの顔には、ほんの少しだけ、血色が戻っていたように思います。一方で、私はファミリーレストランから駅まで歩いている道中、口の中に得も言われぬ不快感が広がっていることに気がつきました。新聞紙の燃えかすを口に含んだような、嫌な臭い。私は自動販売機でオレンジジュースを買い、口の中を洗い流すように飲み干してから、カメラを携え伊野さんの自宅へ向かいました。

泊まり込んでカメラを回す

取材を始めて一週間とかからないうちに、早くも私はシーズン2の成功を確信していました。伊野久人という男が、被写体としてあまりにも申し分なかったのです。自分の体が日々動かなくなっていくのに伴い増幅していく恐怖と、彼は戦っていました。いえ、もしかしたら彼は戦うことをやめ、あるいはその如何ともし難い恐怖と並走して生きようと覚悟を決めているかのようでした。その姿こそ、まさしく私がこのドキュメンタリーシリーズで捉えたかった人間の態度にほかなりません。

伊野さんは両親と共に暮らしていました。六十歳を超えた父親は、伊野さんが病に侵される数年前に一念発起して立ち上げたコンビニのフランチャイズオーナーとして、今も昼夜を問わず店に立っています。フランチャイズ店の経営は噂に違《たが》わず過酷らしく、人件費の高騰や、本部に支払う高いロイヤリティに対応するため、オーナー自身の稼働時間を増やさざるを得ないのだと言います。出店に際して抱えた借金の返済もあり、店を休んで息子の介護にあたることはできません。時折帰宅してきても、ほとんど口を開くこともなくシャワーを浴びて寝室に直行してしまうほど、疲れ果てているようでした。母親もかつては店に出ていましたが、伊野さんの発病後はそうすることも難しくなりました。日中はヘルパーのケアと、訪問看護のサービスを受けることができますが、時間に制限があるうえ、そもそも人手不足で十分な介護を受けることがままなりません。そうなれば頼れるのは家族だけ。寝たきりとなったALS患者は二四時間の介助を必要とします。深夜であっても排泄《はいせつ》はありますし、痰《たん》が詰まれば命に関わります。他にも体を動かしたり、水分を補給したり、体温調節のために布団をかけたり剝がしたりと枚挙《まいきょ》に暇《いとま》がありません。母親の存在無しでは、在宅で過ごすことは不可能なのです。当然、父親は母親が抜けた穴を補塡《ほてん》すべく、さらに働かざるを得なくなっているのが現状です。伊野さんには舞さんという歳の離れた妹がいますが、大学受験を控えていることもあり、都内の親戚の家から高校に通っているそうで、ほとんど介護には関わっていません。私も彼女と顔を合わせたのは一度だけで、確か冬物の洋服を預けに実家に来たと言っていたように記憶しています。この時には伊野さんに顔を見せることもせず、そそくさと去っていってしまいました。兄妹の関係が芳しくないのだろうかと傍目《はため》に想像しましたが、実際のところはわかりません。伊野さん同様の繊細な面立ちをした舞さんはかつてアイドルを目指していましたが、今ではその道を諦め、こっそりと医学部への進学を目指して勉強しているらしく、兄に対する思いが見え隠れしているのも事実です。簡単ではない感情を抱えているのでしょう。

私はしばしば、伊野さんの部屋の隣のダイニングキッチンで、夕食に同席させていただくようになりました。食費も然り、料理や洗い物の手間も然り、一人分伊野家の負担を増やすことになりますから最初は断ろうとしました。しかし、伊野さんの食事介助を行う母親の姿を撮影していると、最後にはいつも「隣にカミデさんの分も用意してるので食べてください」と言われるのでした。

「二人分作るのも、三人分作るのも変わりませんから」

母親の料理は、派手なところはないけれど、とても手の込んだものでした。それは肉じゃがだったり、カレイの煮付けだったり、時には茶碗蒸しだとか煮凝りなんてものも出されました。私は普段コンビニのおにぎりか弁当しか口にしていませんでしたから、いかにこの料理が美味しくて、心が温まるかと伝えると、彼女は冗談混じりに「お父さんは今日もコンビニご飯ですけどね」と言うのです。私はしまったと思いましたが覆水盆に返らず。「でも、最近のコンビニの惣菜は進化が止まりませんね」などと苦し紛れにごまかすしかありませんでした。

この家で、家族が揃って食卓を囲める日は、いつかまた来るのだろうかと、その時ふと思いました。

乳白色の火屋《ほや》の内側に小さな虫の死骸を貯め込んだ古びた照明の下、母親はまだらに生えた白髪を鈍く光らせて、朝から晩まで台所に立っている。食事の時間になれば隣室へ細切れにした食事を運び込み、息子にそれを与える。それが終われば今度はこのダイニングで一人、自分の分の食事を口にする。それが毎日、いつまでも続く。夫は家でゆっくり食事をとる時間もなく、娘はどこかで一人暮らしをしており、息子は隣の部屋から出てくることができない。でもいつか、様々な事情が変わって、治療法も進化したら、家族で食卓を囲める日が来ないとも限らない。その時は絶対にまたカメラを回しにきたいなど、私はぼんやりと考えるのでした。

伊野さんは自身がどれほど家族の負担になっているか、嫌というほど理解していました。SNSでの発信を始めた理由はここにあります。十万人近いフォロワーを持つ彼は、時折投げられる寄付金に限らず、企業から依頼された仕事で収益を得ることもありました。とはいえそれにも限界があり、家族の負担が大きく軽減されたとは言えません。伊野さんはすべてに自覚的でした。母親が彼の体の向きを変えようとするたび、肺から吐き出される少ない呼気を使って「ありがとう」と伝えようとするその様は、見るたび胸が押し潰されそうになります。伊野さんの両親は、できることは何でもしようと決めていました。けれど裕福でない伊野家にはできることに限りがあります。そして当然、介護疲れは起こります。どれだけ隠そうとしても隠し通せるものではありません。

ある深夜のことでした。

短い眠りに落ちては目を覚ます伊野さんと共に、私も部屋で朝を迎えようとしていました。うつらうつらしていると、明確な刺激臭が鼻腔《びくう》を刺します。それは紛れもなく、伊野さんの排泄がなされてしまったことを示している。伊野さんは目を瞑ったまま、しかし瞼がふるふると震えていたのは、目を覚ましていたからでしょう。本来であれば、指先に着けた装置で母親を呼び、排泄の介助を受けるはずでした。しかし母親はいつまで経っても現れません。これはまずいと思い、私は母親の部屋へ向かいました。そこにあったのは、布団の上で背を丸めて横になっている彼女の姿でした。壁のコンセントに差し込まれているはずの呼び出しベルの受信機がなぜか引きぬかれ、床に転がっています。何かの間違いで抜け落ちてしまうようなものではありません。私はその時察しました。母親はこの知らせに気がついていると。その背中の様子は、眠っている人のそれではないと。しかし私はそれに気づかないふりをして「お母さんすいません」と声をかけました。「久人さんが呼んでらっしゃいます」と言うと、母親は驚いた素振りで「ああ、大変」と一言、私に顔を見せないように伊野さんの部屋へ向かっていきました。チラリと見えた彼女の目は明らかに泣き腫らしていて、その夜、彼女がどのような思いに駆られていたのか、想像するだけで胸が苦しくなりました。きっと彼女は息子からの呼び出しがあった時、動くことができなかったのだと思います。その堪え難さ。深夜、大きな息子の排泄を介助するということの負担を想像するのは簡単ではありません。しかしその悲しさが、悔しさが、如何ほどか、想像を絶することだけは想像できるのです。その日、私は静かに伊野家を辞するほかありませんでした。

私は長い時間を伊野さんと過ごすようになりました。カメラを持ってベッドのそばにいるだけではありませんが、同じ空間にいることは決して無意味ではありません。取材を始めた当初は、互いに互いのことをいつまでも話していました。私は彼が病床に臥すより前の話を聞き、彼は私がこれまで取材してきた人たちの話を聞きました。体力に余裕がある時には声を出して、そうでない時は視線入力装置を使って彼は私に語りかけ、質問を投げかけてくれました。しかしひと月が経ち、ふた月が過ぎると、私たちは頻繁に会話をすることも無くなりました。それは話すことが無くなったからというよりも、会話をしなくても良い関係になっていったからだと私は思っています。家族同士が一つ屋根の下、いつまでも喋り続けてはいないように、会話をしなくても同じ空間にいられる感覚。そして伊野さんに何か知りたいことがあれば、私がインターネットで検索し、体を動かしたくなれば私が姿勢を変えてあげる。そのようにして、少しずつ介護の一端を担うようにもなり、彼の母親は私を戦力の一つとしてカウントするようになっていました。私はそのことを嬉しく思いました。ただカメラを向けているだけの人間であるよりも、直接的に必要とされるのは喜ばしいものです。そこに自分が居座る理由にもなります。そのようにして、私と伊野さんは互いの存在を受け入れ合っていきました。もちろん私が思っているだけですから、彼はまた別の感覚を持っていたかもしれません。

けれど、こんなことがありました。

春の終わり頃、秋葉原に借りている自宅アパートに帰ると、身に覚えのない大きな荷物が届いています。子どもが一人収まりそうな、よくある段ボール箱。差出人はヤマダタロウ。「名前を知らせるつもりはありません」とでも言うようなその差出人表記を見て、背中に冷たい感覚が走ります。私はこれまでドキュメンタリー制作者として、たくさんの反社会的勢力の関係者と関わってきました。もちろんそれは利益の授受を介在しない、取材者と取材対象者としての関係に過ぎません。しかし、私がカメラを向けてきた人間の全員が、完全に満足のいく描かれ方をしたかと言えば、もちろんそうとは言い切れない。むしろ、時にはドキュメンタリーの役割として彼らに批判的な視線を向けることもあった。そうでなくても、彼らが生きているのは、自己利益のために他者を攻撃することが常態化している世界でもあります。逆恨みなんて日常茶飯事とも言えるでしょう。だから私は、その大ぶりな宅配物を、何か危険なものではないかと疑いました。

しかし、アパートの廊下を占領しているそれを放置するわけにはいきません。だからと言って、上述の理由だけで警察に届け出れば鼻で笑われるに違いない。私は一度自室へ入り、荷物を下ろして、カッターを手に再び廊下へ出ました。意を決し、ガムテープの一部を切断します。まだ危険はない。さらに刃を入れる。大丈夫。そのようにして開いた段ボールの中には、『ハッピーバースデイ！　カミデさん！』と印字されたカードと共に、巷で話題になっていた腰に良い椅子が収められていたのです。私はまず、この日が自分の誕生日だということを、その瞬間まで忘れていたことに驚きました。続けて、このプレゼントが伊野さんから贈られたものだと思い至り、再び驚いたのです。

振り返れば、取材を始めた当初、編集作業ばかりで腰が悲鳴を上げている、と伊野さんにこぼしたことがありました。その後、最近こんなのがあるみたいですよ、とインターネット通販の画面を見せてくれたのが、背もたれと座面が妙に小ぶりなこの椅子だったのです。私は値段を見るなり、椅子にこんな額は出せませんよ、と言ってその場は終わったように記憶しているのですが、伊野さんはそれを覚えてくれていたのでしょう。いずれにせよ、経済的に余裕があるわけでもない伊野さんからそんなものをもらってしまったことに申し訳なさを感じつつも、心の底から喜びを覚えたのでした。その時ばかりは、私は彼に受け入れてもらえているんだ、と思ったものです。

翌日、伊野さんに感謝を伝えると、「体が資本ですから」とこのうえない説得力で返されたのでした。

ゴールの設定

この頃、プラットフォームのプロデューサーから一つ議題が提示されていました。それはこの取材の終え方について。つまり、この作品の終着点をどうするのか定めてほしいというのでした。その時の議事録を転載します。

2023年6月某日（六本木オフィス）
参加者：カミデ、プラットフォームプロデューサー陣
議題：シーズン2の締め方について

シーズン2の取材方針について（プラットフォーム）

大前提として、満足のいく作品制作のために必要な量の取材をしてほしい。とはいえ、すでに撮影を始めてから四ヶ月が経過している。素材は集まってきているとのことだが、どのようなストーリーになっていくのかが見えてこない。取材期間が伸びても制作費を増額することはできないので、取材チームの予算繰りもあるだろうし、シーズン1の配信から時間が開きすぎるのも好ましくない。今後の取材についてどのように考えているのか教えてほしい。

取材の終わらせ方に関する回答（カミデ）

不安になるのはわかる。しかし、それがドキュメンタリーの宿命であることも理解してほしい。ストーリーが予見できないことこそがドキュメンタリーの魅力だという共通認識に立ってほしい。もちろん、取材期間が延びれば延びるほど私たちの利益が減るのは承知のうえ。それでも、私たちはただの商品を作っているつもりはない。作品を作っているつもりだから、妥協はしたくない。きっとどこかで終わりはやってくるので、そこまで耐えてもらえないだろうか。

仮のゴールについて（プラットフォーム）

言っていることはよく理解できる。共に最良の作品を作ることを目標としつつ、しかしどうしても企業の都合（例えば、予算を確保する会計年度等）があるため、現状の仮のゴールを設定してみるのはどうか。取材を進めながら修正していく前提で。

仮のゴールに関する回答（カミデ）

それであれば、例えば、一月中旬の伊野さんが二七歳になる誕生日はどうだろう。伊野さんはどんな二七歳を過ごすことになるのだろうか、という希望と心配がないまぜの終わり方は悪くない気がする。それと同時に、伊野さんの取材が予想以上に長期化したり、不測の事態で配信が難しくなったりした時のために、別のディレクターに別のテーマの取材を進めてもらうのはどうか。少なくともシーズン3で使えるものにはなるはず。

仮のゴールとパラレル取材について回答（プラットフォーム）

次の伊野さんの誕生日を仮のゴールにするのは妥当だと思う。とはいえ、それでも一年近い取材期間になるため、そこが限界かと思われる。取材を進めながら、より良い終わらせ方を探ってもらえると嬉しい。同時並行での別取材は、取材チームのマンパワーが許すのであれば是非してほしい。そちらの予算は別途用意できるように試みる。結果が出たらすぐに連絡する。

打ち合わせを終えた私は、天を突くような商業ビルに入った彼らのオフィスを出ると、脇目も振らずに六本木駅至近の牛丼屋に飛び込みました。腹が減っていたのは確かです。朝から何も食べずに、この時はもう昼の二時を過ぎていました。そして私は、激しく憤ってもいたのです。その感情があまりにも激しく、今にも口から飛び出しそうでどうしたら良いかわからず、とにかく口に、腹にものを詰め込もうと思って牛丼屋に入ったのです。私をそこまで憤らせたのは何か。それはプラットフォーム側プロデューサーたちの思惑でした。

ご覧の通り、議事録上は穏当なやり取りに終始しています。しかし実際の会議の現場はそうではありませんでした。シーズン2の取材をどう終えるかという議論の中で、プラットフォームの担当者は端的に言って、伊野さんの死を望んでいた。当然ながら、誰も直接そうは言いませんし、明確にそう望んでいるわけでもないでしょう。しかし私にはわかる。彼らが心の中で、やましいとはわかっていても、このＶＴＲに劇的な結末を、つまり主人公の死を求めているということが、手に取るように。だから私は先手を打つように、彼はこれからもっともっと生きるでしょう、と言いました。そしてこの番組に関わる人間のうちの一人でも彼の死を望むようなことがあれば、私はその時をもってすべての取材を中止する旨を告げました。彼らはシーズン1の幕の引き方に酔っていた。この業界に関わらず多くの人々が陥る、成功体験の自己模倣《もほう》という罠に、彼らもまた嵌《はま》っていたのです。

それはものづくりの現場において最も危険なことの一つです。新たな発明を妨げ、作品や組織の成長を止め、自ら腐っていくきっかけがこれです。終わりが見えない不安は誰にでもあります。しかし、それを共に乗り越えていかなければ良い作品は作れません。それが嫌なら、台本通りの偽物のドキュメンタリーを作ればいい。そして、過酷な日々を送る当事者にカメラを向ける人間として、その人の死を望むなどということは絶対にあってはならない。そんなことは、小学生に聞いたってわかること。私たち大人が、誰もよりも倫理的でなければならない立場にあるマスメディアに身を置く人間が、そんな当たり前と言うにも及ばないことを忘れてしまうなんて言語道断だ――。

私はそのようなことを、怒りを隠さず彼女らに伝えたのでした。当然、相手にも理屈があります。譲れないことも私たちとは違うでしょう。しかし、この道だけは歩んではいけない、というその道を今まさに歩ませようとした。共にひまわり医院の話を世に出した仲間だと思っていた彼女らが、決して志を共にする人間ではなかった――そんな、裏切られたような感覚にも襲われて、私は居ても立ってもいられなくなったのでした。

座るのとほとんど同時に出された牛丼を、私はどかどかと掻き込むように口に詰め込みました。味なんてどうでもいいはずなのに、けれどもそれは美味かった。じっくりと熱を加えられた玉ねぎのとろけるような甘さが、繊維の隅々まで砂糖と醤油が染み渡った牛肉が、特にその脂の旨さが、そして湯気を吐き出すピカピカの白米のねっとりとした香りが、私の意識の壁を潜り抜けて、脳に直接働きかけてくるのです。期待するから裏切られる。すべての不幸の感覚は期待を出発点にしている。だから期待なんてしちゃいけないとわかっているのに、すぐに期待してしまう。もう二度と彼らに期待してはならない――私は口を塞げれば、腹を満たせればそれでよかったのに、最も早く、安く、それを成すために選んだ牛丼がこんなに美味い必要なんてないのに、しかしあまりにも美味いのです。私の感情はその牛丼のせいでぐちゃぐちゃで、汗だか鼻水だかわからない液体を顔中から滴らせながら、あっという間に完食したのでした。

カメラを持たない時間

私はあの会議以降、半ば意地を張るように、今まで以上に伊野さんの部屋で時間を過ごすようになりました。

ある土曜日の夜、食事を終えた私たちは、いつものように伊野さんの部屋で音楽を聴いてくつろいでいました。この頃、意外なことに伊野さんは八十年代日本のいささか激しいパンクバンドが好きだということが発覚しており、全くの偶然ですが私もまたこの手の音楽の愛好家でしたので、夕食後は共に音楽を聴く時間と決めていたのです。

私が選んだ曲を、伊野さんには前情報を与えず再生します。イントロの時点で伊野さんが「お！」という顔をすれば、それは彼の好きな曲を引いた証左なので私は一安心。一方、曲が終わるまでしかめっ面の時もあります。好みに合わなかったかと戦々恐々していると、「なんてバンドの曲ですか？」と聞いてくる。そうなれば私の大勝利。彼の好みに合った、しかも彼にとって未知のバンドを見つけることができたのです。こうして一つ新しいバンドが加われば、ここでかけられる音楽のレパートリーが一気に増えます。伊野家専属ＤＪと化した私は、今後しばらく選曲に困らないなと胸を撫で下ろすのでした。

この日の選曲は、町田町蔵率いるＩＮＵの『メシ喰うな！』。驚くほどゆったりとしたテンポで、悲鳴のように不穏なギターの音が鳴った瞬間、伊野さんは「うーーー」と呻《うめ》くような声を漏らします。私はよほど気に食わなかったのかと思い、すかさず停止ボタンを押しました。確かに、人によっては耐え難い不快感を覚える音であることに間違いありません。他の曲を探そうとすると、伊野さんは「そのままでいいです」と言います。「嬉しくて変な声出ちゃいました」と。なんて紛らわしいことを、などと思いながら、私は再び『メシ喰うな！』を再生しました。そして部屋に町田町蔵の嗚咽のような声が響き渡ります。

俺の存在を頭から打ち消してくれ
俺の存在を頭から否定してくれ

相変わらず息苦しくなるような、しかし、自分の中の何かを激しく癒そうとするような妙な歌だと思って聴いていると、ドン、ドンとリズムの狂った重低音が曲に差し込まれていることに気づきました。

おまえらは全く自分という名の空間に
耐えられなくなるからといってメシばかり喰いやがって

ドン、ドドドン

和太鼓のような音が、やはり聞こえる。どうやら伊野さんもその音に気づいているようです。なにか、聴き慣れたものとは異なるバージョンを選んでしまったのだろうかなどと訝《いぶか》しい思いを抱えたまま曲は終わりました。

ドーン、ドーン、パパパパーン

しかし、重低音は鳴り続けたのです。そして伊野さんが声を振り絞って言いました。

「花火！」

そう、それは窓の外から漏れ聞こえてくる花火の音でした。

「荒川の花火だ。何年ぶりだろう」

伊野さんは独りごちるように言います。調べてみると、パンデミックの影響で去年まで中止していた大会が、今日四年ぶりに開催されているのでした。

「毎年、舞と行ってたんです」

「そうですか。いい思い出ですね」

「最後に行ったのは、あいつがまだ中学生の時だったかなあ」

伊野さんは窓の外をじっと見つめています。ブロック塀と窓枠の間を濃紺色に塗りつぶしたような空の中に、花火の気配を探しているのかもしれません。

「あの時は、二度と行けなくなるなんて、思ってなかった」

私はそれに返す言葉をすぐには見つけられませんでした。

「全然、行けるんじゃないですか?」

気づくと私はそうこぼしていました。何の確証もありません。医師でもありませんから、彼の行動範囲に関して判断できることなど無いのです。しかし、この時私はどうしても「できない」ということを認めたくなかった。それに、彼の病状はこれから悪化の一途を辿る。それはほとんど確定している。だから、もしも荒川の花火を見ることができるとすれば、今日、この瞬間しかない――そして伊野さんが言いました。

「行きたい」

私は心を決めました。何が何でも伊野さんに花火を見せてあげよう。

花火は何時間も続くわけではありません。もたもたしていたらあっという間に終わってしまう。私はすぐに地図で花火の打ち上げ場所を確認しました。音から想像していた通り、伊野さんのアパートからさほど離れていません。私は伊野さんの母親に協力してもらい、伊野さんを移動用の車椅子に移すと、全速力で家を飛び出しました。

じめじめと皮膚にまとわりつくような空気の中に、火薬の香りが漂っています。

「匂いません!?」と私が叫ぶと、伊野さんも「匂います！」と答えます。私たちは音と匂いを頼りに、花火を目指していくつもの角を曲がり、いくつもの路地を抜けました。無論、この辺りの地理に詳しいのは伊野さんです。彼が「右！」「左！」「戻って！」などとナビゲートする声を聞き逃さないよう、伊野さんの横顔にできる限り耳を近づけて車椅子を押し続けます。しかし、音の方へ思うようには近づけません。そこの階段を上がれば見えるかもしれないと思っても、私たちは辿り着けないのです。地を這うようにしか、私たちは花火に近づけない。高い場所に行きたければ、とにかく緩やかな登り坂を見つけなければならない。しかし、いかに緩やかであっても、たとえそれが一般の徒歩であれば気にも留めない傾斜であっても、私たちにとっては大きな障壁となりました。花火の終わりは迫っています。どうかもう少し、花火を上げ続けてくれ――焦る気持ちをどうにか押し殺し、目を皿にして路面の段差に注意を向けながら、汗で滑る車椅子の持ち手を全力で握り続けます。

するとい路地の一角が、花火の破裂音に合わせて微かに光を受けているのを見つけました。私たちはその淡い光の中に飛び込み、一段大きくなった音の方へ体を向けます。

そこは、私たちのためだけに用意された特等席でした。

残念ながら、花火の半分は最近建てられたと思しき大型のマンションに遮られて見えません。しかし、それでも私たちには十分でした。ちょうどクライマックスを迎えた花火が、その半分をマンションのまっすぐな壁に切り取られながら、もったいないくらいに幾つもいくつも重なって空に光り続けます。

「間に合いましたね」

「間に合いました」

私がへたり込むようにアスファルトの路上に腰を下ろすと「椅子、貸しましょうか?」と伊野さんが言います。「助かります」と彼の腿を抱いて降ろそうとすると、「嘘です嘘です」と本当に慌てたような声を出して、私たちは二人で馬鹿みたいに笑い転げました。もちろん、大声を出して笑うことも、転げ回ることも彼にはできません。私が彼の周りで独り、彼の分まで笑い転げたというのが客観的な事実ですが、そんなこともうどうでもいいような気がしました。私たちは私たちの笑い転げるをやればいい。こんなに二人で笑ったのは、この時が初めてでした。

笑い疲れた私たちは、勢いを失い始めた花火の方に体を向けて、じっとそれを浴びるように感じていました。

他に誰もいない、二人だけの場所。

そう思った時、私は背中にそっとナイフを突きつけられるような恐怖を感じました。ここでは誰も助けてくれない。その事実に気づいてしまったのです。もしここで伊野さんの喉に痰が詰まれば、私にはどうすることもできない。吸引機も無いし、カフアシスト（痰を吐き出させる介助機器）も無い。救急車を呼ぼうにもここがどこだかよくわからないし、周辺は交通規制で車はまともに走れない。家まで全速力で車椅子を押したら何分かかるだろう。その間に伊野さんは窒息死してしまう——。

私はその恐怖に取り憑かれて、もはや花火など見ている余裕は無くなってしまいました。今すぐ伊野さんを連れて家に帰るべきか。しかし、これは彼にとって最後の花火かもしれない。それを、私の不安感などによって中断させるわけにはいかない。

どうか今すぐ、花火が終わってくれますように。

私はほんの数分前とは全く逆のことを祈っていました。自分の身勝手さに辟易《へきえき》しながら、しかし祈らざるを得なかったのです。

最後の花火が上がって静かな煙が空を撫でるように流れると、私は余韻に浸ることもなく伊野さんを押して家へ向かいました。花火は終わったのに何を急ぐ必要があるのだろうと、彼は思っていたに違いありません。本人が気にしてもいないことを周囲の人間が必要以上に心配してしまうのは、よくあることです。

息も絶え絶えで玄関に飛び込んだ私に驚く伊野さんの母親を置き去りに、私たちは部屋へと戻り、いつもの位置に着きます。ふうと大きな息を吐き、代わりに嗅ぎ慣れた匂いのする部屋の空気を胸いっぱいに吸い込んでようやく、私は落ち着きを取り戻すことができました。すると不思議なことに、腹の底から妙な幸福感が湧き上がってくるではないですか。それはゆっくりと迫《せ》り上がって、脳をちりちりと痺れさせます。ふふふ。そしてほとんど意思に反して、口から笑いがこぼれます。ふふ、ふふふ。もう止めることはできません。私は発作を起こしたように、腹を抱えて涙を浮かべながら笑い始めました。一瞬驚いた様子を見せた伊野さんにも、きっとこの幸福感は伝染したのでしょう。彼もまた、微かな動きで笑うのでした。

そして私たちは、あの坂道がヤバかったとか、実は砂利道を走った時に振動で息が止まるかと思ったとか、途中ですれ違ったヤンママ風の女性が実は昔同級生だったとか、一時間にも満たない小さな冒険の興奮を、二人で振り返ったのでした。

「しかし、花火すごかったですね」と言うと、伊野さんは「ですね」と答えて視線を窓の外に向けます。静けさを取り戻した濃紺の空に彼が何を思ったのか、私にはわかりません。私はこの時、もしも自分に弟がいたら、こんなふうに日々が冒険になったのだろうかと夢想していました。胸の中に興奮と寂しさが同時にやってくるようでした。

この冒険の間、私はカメラを部屋に置き去りにしていました。それはドキュメンタリーディレクターとしてはあってはならないことです。あらゆる瞬間を記録しなければ、自分の存在意義が否定されてしまう。しかし、私は花火を見に出かけると決めたのと同時に、カメラを回さないこともまた決めていました。それは心のどこかに、プラットフォームの担当者の言葉がしこりのように残っていたからでした。これはプロの態度とは言えません。しかし私はどうしても、伊野さんの命が被写体としてだけ存在すべきであるかのような、私と伊野さんとの関係は撮影を通してのみ認められるというような、そういう考え方の一切を否定したくて、カメラを持たずに飛び出したのです。きっとカメラを回していたら素晴らしいシーンになったに違いない。しかし、カメラを持たなかった、持てなかったということもまた、ドキュメンタリーの一つの真実。私たちは二人だけの冒険を一つ、心の中に持つことができた。それで十分ではないでしょうか。

生きるか死ぬかを選ぶこと

たった半年の間に、私のカメラは本当に多くの瞬間を捉えました。突然意識不明となり、緊急搬送された時のこと。食べ物を飲み込む力がなくなり、胃ろうの造設手術を受けた時のこと。病院を出る時にはいつも「また死なせてもらえませんでした」とお定まりの冗談を飛ばして周りを笑わせる伊野さんの健気な姿。そのあらゆる瞬間、華奢な体に宿る心の強靭《きょうじん》さを目の当たりにしました。時にはその痛々しさに直視できなくなることさえありました。そうなるたび、なぜこんなに善き人間が、こんな運命を与えられなければならないのだろうかと、何の意味もないことを考えました。

そして避け難い家族との軋轢《あつれき》。どれだけ愛し合っていても、頼り頼られる機会が増えれば増えるほど摩擦は生じます。互いの心の中で膨れ上がる悔しさに、どう対処したら良いのかわからなくなってしまう。そんな状態だったと思います。時折隣室からは両親の罵り合う声が漏れ聞こえてきました。仕事のストレス、介護のストレス、金銭の不安、そして子どもたちの将来の不安――そんなものが父親と母親の口から洪水のように溢れて弾け合い、小さなダイニングルームの壁に散っては消えていく。私は何度も、臥していいるしかない伊野さんの耳を塞いであげたい気持ちに襲われました。

伊野さんの周辺の人間たちの振る舞いも、ある意味では大変興味深いものでした。どこで住所を知ったのか、明らかに怪しげな新興宗教の勧誘に来る人や、五〇〇ミリリットルで四〇〇〇円もする「高水素イオン水　天の雫」の試供品を送りつけてくる人。思い立って調べてみると、それらに一定数の客がついていることがわかり、二人で愕然《がくぜん》としたこともあります。不治の病に罹《かか》れば、藁《わら》にも縋《すが》りたくなるもの。その心の隙に入り込んで金を掠め取ろうとする人間の存在に憤った伊野さんは、SNSで注意喚起をしたこともありました。住所を知られている以上危険が伴いましたが、彼の正義感を抑えることはできません。

何より彼の心を苦しめたのは、親しかった人たちの変化です。ある時、作家を目指すきっかけを与えてくれた恩師だという中学校時代の国語教諭が訪ねてきました。ひとしきり昔話に花を咲かせると、教諭は突然「実は今日、私が信頼している先生に来てもらってるんだ」とどこかにメールを打ち始めます。間も無くインターホンが鳴り、派手な化粧の女性が現れました。教諭は伊野さんに「末期癌だった私の母を救ってくれたのは、この先生なんだ。騙されたと思って、まずは体を委ねてみてほしい」と言い、「先生、お願いします」と目配せをすると、その先生なる人物は伊野さんの足先から頭の先までスキャンするように手をかざします。そして「これは大変だね。完全に入っちゃってる」と言うのです。その後、施術の料金表などが示され、伊野さんが「検討します」と言うとようやく二人は帰っていきました。私は目の前で起こったことがあまりにも滑稽で、つい笑いそうになりましたが、伊野さんの心持ちは違ったようです。信頼していた人がそうなってしまうことを心底悲しみ、金儲けのために手段を選ばない人間たちに対する憎しみが膨らんでいるようでした。

伊野さんの心を支えているのは、発病後から長らく取り組んでいる執筆活動でした。かつては小説家として身を立てることを目指していた彼ですが、発病後には自伝の制作に全人生を傾けることにしたようです。

「そこらのフィクションより、僕の人生の方が面白いですもんね」

彼は半ば自嘲するようにそんなことを言います。この作品は、最初で最後のものになる。作家になろうと夢見た自分の人生で出せる、たった一冊。そうなることが彼にはわかっていた。その時、語るべきは誰かの物語ではなく、自分の物語だと彼は考えたのです。

彼が執筆する姿は壮絶そのものでした。音声や視線での入力が大変だ、ということではありません。彼はこの二年間で経験してきた過酷な日々を思い出し、もう一度経験しなければならなかったのです。

ある日の仕事帰り、歩き慣れた道で転んだこと。今までだったらよろけるだけで体勢を立て直せるはずだったのに、その日は受け身さえ取れず顔面から街路樹にぶつかって負った怪我。話す時に絡《もつ》れるようになった舌。うまく啜《すす》ることができなくなったラーメン。実家の炬燵から立ち上がるのにかかった一時間。そして、ALSの確定診断を受けた瞬間の気持ち。あなたの体はあと数年で全く動かなくなりますと言われた時の、言葉では説明できない、心臓が縮むような独特な気持ち。絶望。

伊野さんはしばしば私に原稿の感想を求めました。それを読むたび、私は目の前の青年が歩んできた日々のあまりの容赦の無さに、それこそ脱力して何も言えなくなってしまうのでした。普段は気丈すぎるほど気丈に振る舞う伊野さんの本当の苦悩は、原稿の中にしっかりと刻みつけられているのだと知りました。

そして私がカメラを向けているその目の前で、伊野さんの体は粛々と動くことをやめていきました。徐々に肺を動かす筋力が衰え声が出せなくなったところで、伊野さんは大きな選択を迫られるのです。

ALSは随意筋《ずいいきん》が動かなくなっていく病気です。随意筋とは自分の意志によって動かすことができる筋肉のこと。手足を動かしたり、笑ったり瞬きをしたりする筋肉がそれです。それが動かなくなってしまう。では、自分の意志で動かすことのできない不随意筋とは何かと言えば、心臓を動かす心筋や、内臓の壁を構成する筋肉のこと。自分の意志で心臓を動かしたり止めたりすることはできないので理解は容易だと思います。こちらはＡＬＳによる影響を受けません。つまり、この病気によって心臓が止まることはなく、脳も内臓も感覚神経も蝕まれない。にもかかわらず、この病気の余命が五年程度と言われていた理由は、肺を動かす筋肉が動かなくなり、窒息によって命を落とすからです。少々わかりづらいかもしれませんが、肺の収縮は、肋間筋《ろっかんきん》や横隔膜《おうかくまく》など、肺の周辺の様々な筋肉によって行われています。自分の意思でしばらく息を止めることができることからわかる通り、それらはすべて随意筋、つまりＡＬＳによって活動が停止する筋肉です。これが意味するところは何かと言えば、人工呼吸器が存在する現代の医療環境において、ＡＬＳによって直接死亡することはない、ということ。これは幸福なことと言えますが、同時にこの病特有の非常に困難な問題を生じさせています。

　ＡＬＳの患者が命を繋ぐには、自発呼吸ができなくなる前の段階で喉元に穴を開け

(気管切開)、そこに人工呼吸器を取り付ける必要があります。これによって声を失いはしますが、窒息によって命を落とすことは防げるようになります。

つまり、死ねないのです。

一度人工呼吸器を着ければ、外すことはできない。当然自分の手足は既に不動であって自ら管を取り外すことはできませんし、誰かが外すことも現在の法律ではできません。それがたとえ医師による行為であろうと、嘱託殺人又は自殺幇《ほう》助《じょ》の容疑で立件される可能性が高いからです。ＡＬＳの患者は、自発呼吸が困難になるタイミングでこの選択を迫られます。人工呼吸器を着けて、それから二十年、三十年と生き続けるか。それとも人工呼吸器の装着を拒否し、間も無く窒息によって命を落とすか。こう言うと、多くの人が人工呼吸器を着けるに違いないと、むしろその拒絶はあり得ないと思うかもしれません。しかし現実はそうではない。人工呼吸器を装着するＡＬＳ患者はわずか三割。残りの七割はそのまま命を失うことを選んでいるのです。この数字は紛れもなく、ＡＬＳ特有の「完全なる閉ざされ」がいかに恐ろしいかを物語っています。一度人工呼吸器を着ければ、いずれ全身の随意筋が限無く不動となり、瞼さえ開かなくなった時、完全な暗闇に閉じ込められることになる。酸素や栄養は体に取り付けられた管を通って供給され、意識は常に明瞭で、しかし目を開けることも、声を出すこともできない。その真っ暗闇の恐怖を前に、多くの患者は生きることを諦めるのです。伊野さんと日々を共にしていた私は、その選択に至る気持ちを理解できる気がしました。体が動かないというだけでこれほどの苦しみなのに、瞼を閉ざされ、誰とも意思の疎通ができなくなってしまうその恐怖は、どんな拷問によってもたらされるものでも及ばないのではないでしょうか。

しかし伊野さんは、人工呼吸器を装着することを選びました。
その時の心情を、発表前の原稿の中でこう綴《つづ》っています。

怖くないと言ったら嘘になる。
いや、正確に言えば、膝が震え出しそうなほど恐ろしい。（実際には震えることさえできないが）
喉に穴を開け、機械を突っ込めば生き続けることができる。しかし、死ぬことができない。逃げ場を完全に失ってしまう。間も無くこうやって視線を使っての文字入力もできなくなる。つまり、人に何かを伝えることができなくなるのだ。

想像してほしい。

例えば夏の日、部屋に蚊が一匹入ってきたとする。

僕にはその音が聞こえる。僕の顔の周囲をゆっくりと飛び回るそいつの存在を感じる。虎の成獣に息を吹きかけられるような、圧倒的な恐怖。誰か早く気づいてくれと願う。早くこいつを殺してくれと。しかし、それを伝えることもできない。やがて蚊は飛ぶのに疲れたとでも言うように、僕の鼻先に止まる。そして思いついたように、皮膚に針を突き刺す——そのすべての段階を細やかに感じる。そしてやってくる激烈な痒み。もちろん自分で掻くことはできない。僕はただじっとその痒さに耐え、誰かが気づいて痒み止めを塗ってくれるのを待つしかない。

そんな、どうでもいい一つの可能性でさえ、僕から生きる意志を奪おうとする。いっそ死んでしまいたいと思うこともある。もう十分生きた、もう十分苦しんだと自分を納得させることもできるだろう。しかし、僕は生きることを選んだ。それは意

地のようなものでもあったけれど、でもそうするべきだと思った。世界中の研究者が、ALSの原因究明と治療薬の開発に取り組んでくれている。もしかしたら明日、ついに治療薬が生まれたというニュースが飛び込んでくるかもしれない。その可能性に、僕はかけたい。ここで死を選ぶのは、彼らを信じないということだ。僕は信じたい。彼らがいつか治療薬を作り上げる日が来ると信じて、その日まで、僕は地獄のような苦しみに耐えようと、今は思っている。

僕が生きようとすれば、家族の負担が増えることはわかっている。申し訳ないと思っている。家族はそんな風に言われたくないとも知っている。けれど言わないわけにはいかない。申し訳ない。そしてありがとう。

気管切開のため入院していた病室で、彼は私に言いました。

「人生最後の声で、なんて言ったらいいですかね?」

私は答えに窮《きゅう》しました。なんで私にそんなことを聞くんだ、話すべきは母親だろうと思いました。しかし隣で見守っていた母親はわなわなと震え、ハンカチをぎゅうぎゅうと目頭に押し付けています。もしかしたら、この状況で話しかけるのには私くらいがちょうど良かったのかもしれません。私がカメラを持ったまま黙っているうち、彼は言います。

「今までありがとうございました。これからもよろしくお願いします」

そうして彼は声を失い、唯一の逃げ道だった死を手放したのです。それは、中からは開けることのできない棺に自ら入り、蓋を閉めたことを意味します。その蓋の閉まる音が、彼の健康な鼓膜には鮮明に響いたに違いありません。

家族の声を聞く

退院の日、私は伊野さんの母親と昼過ぎの病院で待ち合わせることになっていました。それは伊野さんの退院予定時刻より一時間ほど早く、私は彼女の単独インタビューを撮る時間を作ってもらっていたのです。

これはドキュメンタリー制作において非常に重要な部分ですから、少し説明します。

ある人や物を取材対象として選ぶと、制作者はついその対象ばかりを追いかけてしまいます。様々な角度から対象を撮影し、色々な表情を引き出そうとする。それ自体は正しい態度ですが、限界があります。対象を多面的に描こうとするならば、その周辺にカメラを向けなければなりません。第一に、取材対象が周囲の存在とどう関わっているかを捉える必要があります。伊野さんの例で言えば、彼が友人や家族とどのように接しているか、距離感や態度、声の大きさや言葉遣い、その他諸々を観察することで、彼単独のインタビューからは見えない人間性が明らかになります。言わずもがな、取材者である私との関係も重要な要素になります。第二に、取材対象と深く関わっている人間の話を聞くことが肝要です。今回で言えば、私が彼の母親と二人きりで、伊野さんについての話を聞くこと。そうすることで、カメラが入るより遥か昔、そしてカメラが入っていけるより遥か遠くの話を聞くことができる。つまり、制作者は他者の目を借りて、取材対象者に対する視座の時間的、空間的広がりを得ることができるのです。だから、まずは母親にじっくり話を聞く必要がありました。

その日はまだひどく蒸し暑い夏日で、頭上からは痛いほどの日差しが降り注ぎ、足元からはアスファルトが音を立てるように熱気を吐き出していました。約束の時間より二十分ほど早く病院に着いてしまった私は、とはいえ時間を潰すのに適した場所も無く、玄関先で呆けたように立っているしかありません。そこへ駆け足で近づいてくる女性が一人。初めは誰かわからず、「お待たせしちゃってすいません」という声を聞いて、それが伊野さんの母親だと気づいたのでした。暑さで頭がぼんやりしていたのもありますが、日差しの下で彼女を見るのはこの時が初めてで、薄暗い室内では気づかなかった疲労の痕跡がまるで埃のように、彼女の頭髪に、肩に降り積もり、顔の皺の一本いっぽんにはそれが垢のように固着して見えて、一見しただけでは伊野さんの母親だと認識できなかったのです。

私はアイスコーヒーを、彼女はペットボトルの緑茶を購入し、ひと気のない休憩スペースに席をとりました。大きな窓からは、眼下をゆったりと流れる河川がぎらぎらと光って見えます。

聞きたいことはたくさんありました。ALSの診断が出てから今日までのこと、あるいはもっと遡り、健康だった頃の彼がどのような少年だったかについて。しかし私はまず、彼女自身の状況について話を聞かざるを得ませんでした。前述の通り、疲労の度合いが相当深刻に見えたからです。聞けば、やはり長らく満足な睡眠が取れておらず、時間に都合をつけて精神科を受診しているようでした。一時は処方された睡眠薬がよく効いたのですが、まもなく効果を発揮しなくなり、最近新たに処方された薬では思うように眠れていないのだそう。伊野さんの介護で睡眠時間が不規則になっていることが睡眠不足の大きな原因ではありますが、彼女の心の中に広がる様々な不安が、限られた時間の眠りさえ阻害しているようでした。

そんな状態にありながら、私のために時間を作ってくれたことに深く感謝し、インタビューを始めます。

「あの子が手術を、生きることを選ぶのはわかってました」

彼女が確かな声色でそう話したのは、今回の気管切開手術の話に至った時でした。死という離脱の道を捨て、完全なる閉ざされに向かいながらも生き続けると決めた息子について、母親としてどう思うのかと聞くと、彼女はそう答えたのです。

「その先にどれだけ苦しいことがあるとわかっていても、あの子は生きようとするんです。そういう子ですから」

「ALS患者の七割が、手術をせずに、間も無く訪れる死を選ぶと言われています。もしかしたら久人さんも手術をせずに、死ぬことを選んでしまうんじゃないかって思ったことはありませんでしたか？」

「ありませんでしたね」

「どうしてそこまで強く思えたんですか？」

私がそう聞くと、母親は少し考えた後、「そういう子だからとしか言いようがありません」と言います。

母親は、息子の生きる意思を寸毫《すんごう》たりとも疑っていませんでした。

「今後、奇跡的に治療法が確立されることがなければ、息子さんは意思の疎通さえ難しくなっていきます。それからの日々を、どういうふうに想像していますか？」

「何も変わりません。喋ることができてもできなくても、久人は久人です。あの子が一日でも長く生きてくれることが私の幸せです。そのためにできることは全部するつもりです」

始めは弱々しく聞こえていた彼女の語気が、そう話す頃には確かな強さを帯びていました。その迫力は私を狼狽《うろた》えさせるほどで、有無を言わせない何かがありました。私は正直に言って、その姿から安心感というよりむしろ少なからぬ不安を覚えました。彼女が何か、自分自身を暗示にかけようとしているように見えたのです。全然大丈夫ではないのに、息も絶え絶えに大丈夫だと言い切ろうとする切迫感。そしてその張りつめた空気は、きっと伊野さんにも伝わっているだろうと思うと、如何ともし難いとわかっていながら、私の心に黒々とした液体がゆっくり流れ込んでくるような息苦しさを覚えるのです。

そして私たちは声と脱出口を失った伊野さんを連れ、家へと向かったのでした。

次に話を聞くべきは、妹の舞さんです。兄と話ができる時間はそう長くないとわかっているはずですが、それでも滅多に実家に顔を出すことはなく、時には彼を避けているように見えることもありました。そのあたりの真意について、今のうちに聞いておきたいと思ったのです。それと同時に、私が彼女の話を聞くことによって、兄妹の会話を少しでも増やすことはできないだろうかと、節介極まりない希望を持ってもいました。

ある日の夕刻、私は指定されたファミリーレストランのテーブル席で、学生服を着た伊野舞さんと向かい合っていました。「予備校始まっちゃうんで、三十分くらいしかないんですけどいいですか？」そう言って席についた彼女は、迷う様子もなく注文用のデンモクをピッピッと操作し、それが終わるなり携帯電話を手に何やら没頭しています。コッコッコッコッと爪が画面を打つ音がやけに気になって、私に喋らせたくないのか、それとも私が口を開くのを待ち侘びているのか、それさえもわかりません。

似てないな、と思いました。いえ、見た目はそっくりと言っていいほど兄に似ているのです。血管が透けて見えそうに澄んだ青白い肌、定規で引いたようにまっすぐな鼻梁、そして切れ長の目。しかし、そのすべての鋭さが——まさに鋭すぎるのです。近づけば怪我をしそうな雰囲気を、彼女は全身から醸し出していました。それは伊野さんには無いものです。あるいは彼もこの歳の頃には人を近づけさせないほどの鋭利さを持っていたのかもしれませんが、私はそれを見たことがありません。

驚くべき早さで出されたカルボナーラスパゲティを、彼女は空気を食うような無表情で口に運びます。

「それ、美味しいですか？」

「はい、まあ」

「そっちの方が良かったかなあ」

私は鉄板の上でじゅうじゅうと油を散らすハンバーグをフォークで突きながら「熱すぎて全然食べられないや」などとぼやきます。

ああ、全く無意味な会話をするためにわざわざ呼び出したわけではないのに、どうにもリズムを掴めない。彼女はまだ一度も私の目を見てくれていません。

「この前、お兄さんと花火を見に行きましたよ」

何か会話のきっかけはないかと探り探りそう言った時、スパゲティを頬張る彼女の顎の動きがほんの一瞬止まりました。しかし咀嚼はまた始まり、ごくりと飲み込むと水を一口。そしてまた携帯電話に視線を落とします。

「いつも舞さんと一緒に行ってたって聞きました」

舞さんはなおも携帯電話の画面を見ながら、しかし私のその言葉に、ようやく言葉を返してくれました。

「人ヤバかったですか？」

「いえ、花火が見える場所を探し回って、結局誰もいない路地の突き当たりみたいなところで見たんです。大きいマンションのせいで半分しか見えませんでしたけど」

「私、あの人混みほんとにムリだったんですよね」

「――ああ、確かに、よく見えるところだとすごいですよね。トイレも行けないし」

「でも、すごく好きだったんです」

それが何を指しているのかわからず、私がえーと、と視線を宙に泳がせていると「花火大会」と言葉を継いでくれます。

「当日は人がヤバくてコンビニも入れないし出店なんてめちゃくちゃ並ぶからって、お母さんがなんかよくわかんないお弁当みたいなの用意してくれるんですよ。遠足でもないのに。ていうか、並んで出店で買うから楽しいのに」

「お母さん優しいですね」

「まあそれはそうなんですけど。逆に毎回お弁当食べる場所探すのに苦労するっていう」

「確かに、座らないと食べられないですよねお弁当は」

「そうそう。人の目も気になるし、もうその日はどこも汚いし」

「ゴミだらけですもんね」

「初めて浴衣買ってもらって行ったのが、最後になっちゃいました」

翌年にはパンデミックが世界を襲い、そして兄は不治の病に犯された。

「仲良かったんですね」と言うと、彼女は初めて私の目を見て「今も別に悪くはないですけど」と返します。

「すいません、ちょっとお兄さんのこと避けてるのかと、勝手に思ってました」

「別に避けてるわけじゃないですけど」

「最近話はしました?」

「いや、してません」

「それは何か理由があるんですか?」

「んー、まあ。腹が立つというか」

「腹が立つ?」

彼女はふう、と大きく息を吐くと、勢いをつけるようにしてさらに話を続けました。

「なんか、正直もう見た目とかどんどん変わっていくじゃないですか。なんか顔だけ太ってきて、手とか足とかガリガリだし。私、それ見ると本当になんか、すごくイライラするんです。なんでうちのお兄ちゃんがこんなことになんないといけないの? って。だって、めちゃくちゃいい人ですよ? あの人。もっと、病気になった方がいい人いっぱいいるじゃないですか。なんでわざわざうちのお兄ちゃんにしたの? って。神様みたいなの性格悪すぎじゃない? って。ほんとイライラが止まらなくなって、何にも手につかなるんで、なるべく会わないようにしてるっていうのはあります」

私は何も口には出さず、ただこくこくと頷いていました。

「病気になったばっかりの時は毎日会ってて、どんどん悪くなっていくのに薬もないしどうしようもなくて、イライラしてなるべく会わないようにして、でも会わない時間が増えると、その後会った時の変わり方にもっとびっくりして、それでどんどん会えなくなりました」

「そうですか。そんなふうに思ってたんですね」

舞さんは思い出したように、残りのスパゲッティを口に放り込みました。

「でも、お兄さんは話したがってそうでしたよ」

そう言うと、彼女はもぐもぐと口を動かしながら、ふーんというように大きく首を縦に振るのでした。

ふと時計を見ると、待ち合わせてから間も無く三十分が経とうとしています。

「すいません、もう時間でした。先に出てください」恐縮して私が言うと、彼女は私の死んだように冷えたハンバーグを指差し「それ食べてください。待ちます」と少し退屈そうに促してくれました。

汁を吸ってだらしなく萎《しお》れたポテトと、逆に固くなったハンバーグをまとめて口に突っ込みながら、「勉強は順調ですか？」と聞きました。

「全然順調ではないです」

あ、無用な苛立ちを買ってしまったかもしれない——私はハンバーグを噛み締めながら身構えます。

「元々は医学部に行きたいって思ってたんですけど、やっぱり成績的には全然無理で。どっちにしても国立とかはそもそもキツいから、お金的にも多分最初から無理だったんですけど。今は普通の大学に行くか、看護の専門に行くかで悩んでます」

彼女は実に冷静に、自分の置かれている状況を理解しているようでした。

「その、医者になりたいとか、看護の道に進みたいとかっていうのは、お兄さんのことが影響してますか？」

「まあ、なくはないと思います」

私は鉄板に残った、ソースに浸って塩辛くなったコーンを一息に掻き込んで、会計に立ちました。

「ご馳走様でした」

店を出た私に、舞さんは律儀に頭を下げます。「いえいえ、忙しいのに時間作っていただきありがとうございます。今度はまた伊野さんのご実家でお会いできると嬉しいです」と言うと、彼女は何も言わず、ただもう一度頭を下げました。

改札を潜っていく後ろ姿を見送りながら、私は彼女と話ができて良かったと心底思いました。彼女は苛立っていた。それは突如兄を襲った不条理に、自分ではどうすることもできないという無力感に端を発していた。そんな気がします。彼女の中にはしっかりと人の痛みを感じ、気遣う心がありました。きっとそう遠くない未来に、兄妹で話せる日が来るに違いありません。久しぶりに顔を見せた希望のようなものを抱えて、私はこの日も伊野さんの家へ向かいました。

秘密を知ってしまった時

いつまで続くのだろう。

私の心の中に、その不安とも焦りともつかぬざわつきが生まれたのは、やはり伊野さんの母親と話をしてからだと思います。以前書いた通り、私は伊野さんの取材の終わらせ方については取り急ぎ決めず、仮の区切りとして彼の誕生日を設定するという態度をとっていました。それは言わずもがな、ドキュメンタリー作品の厚みを可能な限り確保したいからであり、同時に伊野さんの死について考えることを拒絶したいからでもありました。しかし、私の中に家族の視点がもたらされたことにより、終わりについて考えざるを得なくなってしまった。伊野さんの家族は確実に磨耗を続けていました。伊野さんは人工呼吸器を装着したことで、これからも長く生きることでしょう。しかし、母親の肉体と精神は果たして持ち堪えることができるでしょうか。いえ、そもそもどこまで行けば持ち堪えたと言えるのか。齢六十を越えた母親は、これから一直線に老いていきます。仮に母親も伊野さんも長く生きることができたとします。しかし、母親による介護はきっとどこかでままならなくなる。借金の問題が解決していれば、父親も介護に加わるでしょうが、彼に至っては母親よりも高齢です。では、その後は妹の舞さんが介護を引き継ぐのか――。子育ては子の自立によって終了します。しかし、病人の介護の終わりは回復か死亡によってしかもたらされない。誰も伊野さんの死なんて望んではいません。しかし、その生を支えるためにしなければならないことが、あまりにも多すぎるのです。

出口のない棺桶に横たわったのは伊野さんだけではありませんでした。その家族もまた、閉ざされた世界に身を投じたのです。

私が伊野家に通うようになって、もう八ヶ月が経ちました。駅から家に続く道に咲いていた桜の花は散り、路上を埋め尽くしていた花びらも茶色く変色した後、雨に流されて姿を消しました。あれだけうるさかった蟬たちは瞬く間に死に絶え、木々は紅葉の兆しを見せています。喜ばしいことに、舞さんはあれからしばしば伊野さんに顔を見せるようになっていました。私の話が奏功したのかどうかは知る由もありませんが、時間を見つけては実家に帰り、二人で話し込んでいます。兄妹の気恥ずかしさもあるのでしょう、舞さんが介護を担うことは難しかったようですが、それでも伊野さんにとっても、両親にとっても、私にとってさえ、彼女の存在は心強く感じました。

そして伊野さんの病状はゆっくりと、しかし停滞することなく進んでいきました。筋肉を失った手足はほとんど骨と皮だけで、砂浜に流れ着いた白い流木のようになってしまいました。表情を作る筋肉も無くなり、目尻も口角も下がったままで、いつも少しだけ不機嫌そうに見えます。瞼を開けることも、眼球を動かすことも今まで通りにはいかなくなってきました。意志を伝えることがこれまで以上に困難になったこともあり、体位変換の要求も都度は行えません。一度床ずれを起こすと、その患部以外に体重をかける姿勢が多くなり、必然的にその皮膚にも負担がかかることによって新たな床ずれを生むリスクが高まる。加えてALS特有の痛みがあります。伊野さんは上手く睡眠を取ることができなくなっていました。執筆速度が大幅に落ちた自伝の中で、彼はこう書いています。

最近うまく眠れない。眠りに落ちる時が怖い。世界の底に落ちていくような感覚。眠ってしまったら、そのまま二度と目が覚めない気がしてハッと目を覚ます。体力が尽きて眠ったとしても、寝返りを打ちたくなったら目を覚まして、人を呼んで、姿勢を変えてくれと頼まなければならない。言わずとも変えてくれる時はとても助かるが、それでもやはり目が覚めてしまう。ずっと睡眠不足だから、起きている時

も意識がぼんやりする。起きているのか眠っているのかよくわからない時もある。頬をつねってどちらか確認したくなるけれど、手が動かない。夢か現実かを確認する手段さえ持っていないということにゾッとする。目が覚めるたび、もしかしたら、と思う。もしかしたら、寝ている間に治療法が開発されたかもしれないと。周りの皆は、すぐに教えてくれたかったけれど、僕が眠っていたから気を遣って、目が覚めるのを待っていたのかもしれない。そう思って、眼球だけを使って周りを見ると、眠そうにしている母親か、無表情でキーボードを叩いているカミデさんが見えて、ああ、違ったと理解する。そんな簡単に治療法なんて開発されないのだ。自分が生きているうちには、そんなものはできないに違いないと思い、深く絶望する。それが一日に何度もある――。

この頃は処方された強い睡眠薬やモルヒネ系製剤を服用しており、しばしば夢と現実の間を彷徨《さまよ》うようになっていました。この病の残酷さをまざまざと見せつけられているようで、カメラを持って隣にいるだけの自分は、耐え難い無力感に襲われることがありました。言わずもがな、本当の堪え難さとは、今目の前のベッドの上で微動だにできずにいる若い青年が抱えているものなのだとはわかっていても、ついそう思ってしまうのです。

私は週に四日か五日は伊野家にいるようになりました。少し顔を見るだけのこともあれば、泊まり込むこともあります。伊野さんの母親は私の存在を頼りにしており、私はその期待に応えるべく、可能な限り長い時間を彼の部屋で過ごすようにしていました。元来私の仕事はオフィスに居なければできないようなものではなく、企画書を書いたり、編集をしたりがほとんどですので、伊野さんの部屋で大方が可能なのでした。

この頃私は、彼の執筆作業を手伝うようになっていました。筋肉の弱った眼球と容易に開かない瞼では、文章を打つのに大変な時間と労力を要します。そこで私たちは協働して彼の自伝を完成させる作戦を考えました。伊野さんが短いセンテンスかキーワードを視線入力で示す。私はそれをもとに文章を書き、前後の文とスムーズに接続するように調整する。修正箇所があれば伊野さんが指摘し、なければ次の文章へ。始めてすぐはかなりの修正があり、互いに途方もない疲労を感じていました。しかししばらくすると阿吽《あうん》の呼吸とでも言いますか、とてもスムーズに執筆は進んでいくように。時には「ここでワタアメの話」などと彼が打ち込むことがあり、一体どういうことだろうと悩んでいると「前に話したやつ」と彼は追加で打ち込みます。これはつまり、彼がまだ声を出せた時に私に話してくれた、幼い頃の綿飴の話をここに挿入してくれ、ということでした。そんなふうにして、いよいよ伊野さんの自伝は完成に近づいていったのです。

そんなある日、事件は起こりました。

伊野さんが眠っている間、いつものように、前日書いた原稿の手直しをしようと彼のＰＣを開いた時のこと。フォルダの中に題名のつけられていない、見慣れぬファイルを見つけました。私はそれを、何の他意もなく「これ何だっけな」という程度の気持ちでクリックしたのです。

そのファイルを開くと、画面が黒い点でびっしりと覆われました。いくらスクロールしても終わらない夥《おびただ》しい数の点。何かのバグだろうかと思った時、その点のうちの一つがひらがなの「て」であることに気づきました。まさかと思い拡大すると、その点だと思っていたものはすべて「助けて」という文字だったのです。「たすけて」の時もあれば「タスケテ」の時も「タスケテ」の時もありますが、どこまでいっても、何万回にもわたって、「助けて」と書かれたその文章――と言っていいか定かではない文字の羅列は、紛れもなく伊野さんが書いたものでした。一体いつの間に彼がこんなものを書いたのか想像もつきません。ほとんどの時間、私か母親か、ヘルパー、看護師がそばにいるにもかかわらず、これだけの量の文字を書きつけるなんて果たして可能なのだろうか。様々な疑問が頭をよぎります。

それは、伊野さんの叫びそのものでした。

彼の苦悩が自伝の中に吐露されていると思っていた私は、その実、何もわかっていなかったのです。彼の心の叫びはこのようにして、きっと視線入力で殴りつけるようにして何度も何度も繰り返された。そしてそれは今の今まで誰の目にも止まらずにいた。健康な人間であれば、枕に顔を埋めて喉が裂けるほど叫べばいい。しかし、彼はこうするしかなかった。私はその画面から目が離せなくなっていました。画面に映された文字のあまりの筆圧に、身動きが取れなくなってしまったのです。

その時、私は気配を感じました。ハッとして伊野さんを見ると、薄く開かれた目から、微かに涙が溢れています。

「すいません」

私はすぐに文書を閉じました。

人の秘密を勝手に覗いてしまった――その羞恥心と申し訳なさに耐え切れず、部屋から逃げ出そうとすると、カッ、カッ、カッと、視線入力装置で文字が打たれる音が聞こえます。そしてそれを読み上げる機械の声。

「これは」

さらに文字が打たれる。

カッ、カッ、カッ、カッ、カッ。

「いきてると」

カッ、カッ、カッ、カッ、カッ。

「いえますか」

これは、生きてると言えますか?

彼は私に、そう問いかけていました。

私は再びベッド脇の椅子に腰掛け、どういうことですか? と問い返しました。彼は涙で濡れた眼球を必死に動かし、ゆっくりと話し始めます。

死ぬことばかり考える。死ぬのは怖い。だけど生きるのはもっと怖い。

私は傍《かたわら》で頷《うなず》くことしかできず、彼はゆっくり、一度も止まることなく文字を打ち続けます。

プライバシーが無い。二四時間、誰かがいる。いてもらわないと困る。だけど、一人でいられることがどれだけ大切だったか今はわかる。

でもそれより、誰かに頼らなければ生きていけないことが苦しい。
親を憎んでいたらよかった。そうしたら、復讐だと思って頼ることができる。
でも、家族のことが好き。だから、苦しい。
もう生きていきたくないと、思ってしまう。

彼はなおも文字を打ち続けます。

死について考えなければ、ちゃんと生きることができない、と言いましたね。
それは本当？
僕は今、一瞬も、死について考えない時はない。
目が覚めている時も、寝てる時も、死について考える。
それは苦しい。
なんで病人だけが、死に向かって生きなければならないのか。
死ぬことなんて考えずに過ごしていた日々を、今は心の底から求めてる。

これは、生きてると言えますか？

伊野さんはここまで打ち込むと、ゆっくりと瞼を閉じました。

私は相変わらず、その質問に答えられずにいました。「死について考えなければ真っ当に生きることができない」などという謳《うた》い文句は、所詮死を眼前にしたこともない私の戯言《たわごと》なのだと見抜かれたような気がしました。本当に死と向き合っている人は、むしろ死を考えずに生きることの大切さを知っているということなのかもしれません。しかし、だからと言って伊野さんが生きていないとは到底思えない。あなたはしっかり生きていると思う、と伝えようとすると、また乾いた機械音が鳴り始めます。

お願いがあります。

「何ですか？」

僕が死ぬのを手伝ってほしい。

私は何を聞き間違えたのだろうと思い、彼の画面を覗き込みました。しかしそこにもやはり「ぼくがしぬのをてつだってほしい」と表示されている。あるいは打ち間違いかと思ってしばらく待っても、伊野さんは一向修正しようとしません。それどころか、その視線はじっと私を捉えています。

そして私は、彼が打ち間違えたわけでも、冗談を言ったわけでもないことに、嫌でも気づいてしまうのです。これまで弱音を吐くことさえなく（あのメモを除いては）、希望を持とうと発信を続けていたのが伊野さんです。そんな彼が今、涙を流しながら「死なせてくれ」と言っているのです。しかし、私にそんなことができるはずはありません。それは殺人、あるいは自殺幇助にほかならないのです。

「死んでしまったら、自伝が完成しないじゃないですか」

苦し紛れに私の口から出たのは、そんな言葉でした。しかし、思いのほかそれは伊野さんの心に届いたようです。

「本を出すのが夢だったんですよね？　せっかくここまで書いたんですから、どんな形でも完成させましょうよ」

しばらくの沈黙の後、伊野さんはゆっくりと瞼を開き、カッ、カッ、カッと文字を打ちます。

わかりました。

そして私たちは、翌日から改めて自伝の執筆にあたることを約束し、私は一度家に帰ることにしました。去り際、彼は「今日のことは、家族には言わないでください」と手土産を渡すように言って、私は「もちろん」とだけ残し、部屋を後にしたのです。

駅まで歩く道中、今日のやり取りを反芻《はんすう》すればするほど、彼の苦しみが一歩一歩、ジリジリと足の裏から迫り上がってくるようでした。もしかしたら、「助けて」と羅列されたあのメモは、私に見せようとしてあそこに置かれたのかもしれない。彼は私がＰＣを触ることを知っていましたし、メモのファイルがあんなにわかりやすく置かれているなんて妙です。伊野さんは私に伝えたかった。もう伝えずにいることはできないと思ったのではないか。

伊野さんは心から死にたいと思っている――その事実を理解できないわけではありません。しかしどこかで、理解したくないと思っている自分がいます。そしてふと、その眼差しこそが彼をここまで苦しめたのではなかろうかという可能性が脳裏を掠めました。どれだけ苦しい状況にあっても希望を捨てない難病患者として、私をはじめ多くの人が伊野さんのことを見ていました。彼はその視線に雁字搦《がんじがら》めになっていたのではないか。その視線さえなければ、その他大勢のALS患者のように、人工呼吸器の装着を諦めて、穏やかな死を迎えることができたのではないか。そんなふうに思いました。そうだとすれば、彼が今抱える苦しみの原因の一端を、私は大きく担っている――いつの間にか耳障りに聞こえ始めた虫の音の中で、私はそう思わざるを得ませんでした。

私は苦しい日々を過ごすことになりました。

頭の中をいくつもの思考が駆け巡り、一つのことを考えているうちいつの間にか隣のことを考えていて、かと思えば全く遠くのことについて頭を悩ませている。文字通り混乱していたのだと思います。何一つ考えを整理することも、なんらかの答えや結論を出すこともできずに、しかし肉体としては今まで通りの日々を過ごしていました。もちろん今まで通りとは言っても、今日の私は昨日より少しだけ、確実に死に近づいています。一昨年より視力は落ちているし、去年より腰の痛みは顕著に増している。伊野さんから死を望んでいると告白を受けてからの一週間足らずで、私の心は決定的に磨耗してもいるのです。しかし、伊野さんが歩んできたこの三年間は、私のそれとは大きく意味が異なります。あまりにも早いのです。一般的には数十年かけてできなくなることが、彼の場合は季節が一つ巡るうちにできなくなってしまう。歩くことも、食べることも、何かに触れることも、喋ることも。しかし、老いて体が不自由になるのとは異なり、彼の命はこれからも長く続いていきます。発症から二年も経たないうちに、身を投げることも、首を括ることもできなくなりました。自分の手でこの閉ざされた世界から脱出することはもうできません。私にその苦しみを想像することは不可能です。彼が時折強がっていることには気づいていました。ＳＮＳでどれだけ人生の希望について語ろうが、原稿の中でいかに日々の喜びについて記そうが、その背景で流された涙と、汗と小便と、切り刻まれて流れ落ちた血を、私は見ています。しかし、まさか本当に死にたいと思っていたなんて。それだけは、予想もしていなかった。そしてその胸中を告白した相手が、きっと私だけであるという事実。それは信頼の証であるとも言えるでしょう。だから嬉しくて、しかし苦しい。言うまでもありませんが、それを実行するという選択肢はありません。「死ぬのを手伝ってほしい」というのが実際のところ何を意味するのか私にはわかりませんが、どんな方法であれ、私は伊野さんの死に手を貸したいとは思えない。その他の願いであればどんなことでも応えたいと思います。しかし、それだけはできない。伊野さんには申し訳ないけれど。

私は伊野さんの部屋に通い続けました。私たちはとにかく、彼の自伝を書き進めなければなりません。自分の死について彼が話したのは、あの一度きりでした。まるであの日のことなんて覚えていないかのように、彼はこれまで以上に集中して執筆にあたりました。夕食後の楽しみだった音楽の時間も中止され、私は可能な限り家を訪れて欲しいと要求されました。それは苦しくも充実感に満ちた日々でした。さらさらと進む章があったかと思えば、書き出しの言葉選びに丸三日を要することもあります。しかし、画面の左下に表示される文字数が増えて続けていくその確かさを、私たちは大いに喜びました。これを書き終えた先には、きっと新たな世界が待ってくれているだろう。私はそのように、期待に胸を大きく膨らませていました。

ハゲワシとドキュメンタリー

あるトークイベントにゲストとして出演した後の、打ち上げでのことでした。それはとあるジャーナリストが新たに上梓《じょうし》したルポの刊行イベントで、打ち上げにはジャーナリスト本人と出版社の面々はもちろん、彼らの友人たちもポツポツと顔を出しに来ました。私は翌朝にも伊野さんとの執筆を控えていましたから、帰るタイミングを探っていたのですがなかなか上手くはいきません。そして流れ着いた三軒目。学生サークルの飲み会が喧《やかま》しい安居酒屋で、トイレから戻ると私の席の隣にちょこんと座っていた年配の男――かつては報道業界に身を置いていたというその男に、私は突然こう告げられたのです。

「俺はあんたのやってることが好きじゃないんだ」

彼が突然何を言い出したのか、私には理解できませんでした。酒で顔を赤らめたその男は、ぽかんとする私になおも喋り続けます。

「あんたたちみたいな手合いをね、私はハゲって呼ぶのよ。ハゲワシのハゲね。あいつらなんで禿げてるか知ってる?」

私は即座にその席を離れる口実を探しました。ただでさえ疲れているのに、酔っ払ったおじさんに付き合いたくはありません。トイレには行ってきたばかりですから、他の理由が必要です。

「あれね、死んだ動物の体に顔突っ込むからなのよ。わかる? 毛が生えてると邪魔でしょ? 汚れるしひっかかるし。だから首から上だけツルツルなの。足もそうか。足もツルツルだ。やっぱ足も汚れるからかな? なんでもいいや。まあ、だから、あんたたちみたいなのを、ハゲって呼んでるの。ハゲワシのハゲ」

「どういうことですか？」無視もしきれず穏やかにそう返すと、男は血走った目をカッと開いて「何であんたわからないの？」と残り少なくなっていたウーロンハイを呷《あお》り、一段語気を荒げます。ああ、無視をしておけばよかった。相手の反応で興奮が倍増する、好戦型の酒酔いだ――そう思った時、彼はこう言ったのです。

「あんたひまわり医院のあれ作った人でしょ？　それなのにどういうことですかってことはないでしょう」

私は突然心臓を摑まれたような、恐ろしい気がしました。この男は今から何を言おうとしているのでしょうか。

「クリエイターだなんだってチヤホヤされてるけど、何も作ってないもんね？　弱ってる人を見つけて、それを撮って飯食ってるわけでしょ？　その意味では不幸探しのプロだよね？　何も作ってはないけど、探すのは上手い。それで得意そうにしてるから癇《かん》に障《さわ》るんだよ。ハゲワシだって死体食っても得意そうにはしないから、あいつらの方がまだマシだと思うよ俺は」

そこまで聞いたところで「おーいカミデくんちょっと来てー！」というジャーナリス

トの声に救われ、私は席を立ちました。

カミデくんに紹介したい人がいる、と言われて着いたその席で、アフリカの貧困をアートで救うビジネスをしているという実業家の話を聞きながら、しかし頭の中は赤ら顔の男でいっぱいでした。なんて失礼な男だろう。いい歳をして、酒の席での振る舞いもわかっていない。言われる筋合いの無いことを一方的に押し付けられてそのままになってしまった。自分だけでなく、制作チームごとこき下ろされたのだ。ここで何も言い返さずにいることは、チームを代表する人間としての責任放棄だ――。私は徐《おもむろ》に立ち上がり、移動してきたばかりの席を離れて元居た場所に戻りました。管を巻く相手を失い退屈そうにしていた男が、隣にどしんと座った私の姿を見て目をぱちくりさせています。

「まず、自分が何かを生み出していると思ったことなんてありません。なので、クリエイターだなんて名乗ったこともありません。むしろ、クリエイターだと紹介されるたびに、すでにそこにあるものを撮って、切ったり貼ったりしてるだけだからどちらかと言うとエディターと言った方が近いかもしれないと訂正してます。クリエイター面しやがってと言われても、してないので訂正してください」

「クリエイター面とは言ってないけど」

「それと、あなたはまず、世界には声無き声と、伝えられるべきことが存在しているということに気づいていないみたいです。それを外に向けて広く発信するのがドキュメンタリーの役目の一つです。それが世界を動かすこともあるし、誰かの人生に希望を与えることもあります。報道畑に居たのにそんなことも知らないんですか？」

「はあ」

「いずれにしても、めでたいはずのこの席で、いきなりあんな失礼なことを言われてとても不愉快になりました。残念です」

私はそこまで言うと幾分気持ちがすっきりして、もう一度ジャーナリストの卓に戻ろうと席を立ちました。

「じゃああんたは自分のことを取材しようと思うか？」

ぼそぼそと口の中で転がすように言う男の声が、私の耳に届きます。

「何ですか？」

「だから、自分で自分を取材しようと思うかって聞いてんの」

「思いませんよ」

「なんで?」

「面白くないからです」

「なんで面白くないと思うのかわかる?」

「いや、面白くないのは面白くないので」

「違う違う。全然違う。それはあんたが自分自身を不幸だと思ってないからだよ。あんたは人の不幸を面白いって言い換えてるだけなんだよ。わかる? 俺が言いたいのは、そんな奴にカメラ向けられる側は堪まったもんじゃないってこと」

「もう大丈夫です」

私は吐き捨てるようにそう言って、再びその席を離れました。ジャーナリストと実業家が大声で話している卓には戻らず、私は静かに店の扉を潜ります。

ベンチコートを着た客引きスタッフの隣で深く息を吸い込むと、晩秋の空気が肺に流れ込みました。その冷たさのおかげで、私はどうにか落ち着きを取り戻すことができます。

心がどうしてこんなに乱されるのか、その理由は明白でした。男の言うことが理解できたからです。彼の放った一言一句が、すべて私の急所を的確に突いて、本当はその場に頽《くず》れたかったのをどうにかここまで耐え忍んで、こうして誰の目にも止まらない戸外に出てきたのです。自分で蓋をして、納屋の奥に放ったままその存在さえ忘れかけていた秘密の箱を、通りすがりの強盗に押し開けられたような気持ちです。

赤ら顔の男の言葉は、私の心の中にこぼされたコーヒーの染みのように、それ以降も長く残ることになりました。

取引

間も無く年の瀬という頃、彼の自伝は完成しました。『遺書』と名付けられた彼の初めての著作は、次のように結ばれています。

死ぬ権利、について考える。

生きる権利がこれだけ声高に叫ばれているのに、死ぬ権利については誰も認めようとしない。命を落とそうとしている人間を目の前にすれば、「生きてほしい」とあなたは言うだろう。「もったいない」なんて言葉も出るかもしれない。「生きてりゃいいことある」だとか。しかし、そう言って死にたい人間の死を先延ばしにさせたとして、当然ながら延長される苦しみは誰が引き受けてくれるのだろう。結局、苦しんでいる自分しかいない。

ただし、「死にたい」というのとは少し違う。死ぬことは恐ろしい。正確には「生きていられない」ということなのだ。生きているのが辛すぎるから、この人生を終えたい、それだけ。その望みが、死の恐怖を凌駕《りょうが》してしまう。

今日に至るまで、僕は何度も死にたいと思った。発病してから体が動かなくなるまではあまりにも早くて、死のうだなんて思いもしなかった。まだ体が動くうちに、電車に飛び込むか、何処かから飛び降りるかなりすればよかった、そう思った。人工呼吸器を装着したことを後悔したのも一度じゃない。僕は自分で自分を永遠の棺に、まともに呼吸もできない棺に閉じ込めた。その恐怖を誰が理解できるだろう。

今では、死ぬ方法はこの喉に突き刺さった管を抜くか、あるいは人工呼吸器の電源コードを抜くかしかないのに、それさえもできない。僕はもう死に逃げることができない。

僕は生かされている。それを痛いほど感じる。普通この文脈では、感謝に繋がっていくだろう。「生かしていただきありがとうございます」と。けれど僕はそうは思わない。「なぜ生かすのだ」「なぜ死なせてくれないんだ」と思う。

しかし、生きていて良いことなんて一つもない、とは思わない。

数日前の夜、今年初めて鈴虫の声を聞いた。長生きしたオスがわざわざ窓辺に来て、私がほとんど楽しめなかった秋の終わりを教えてくれようとしたみたいだった。

父親がコンビニから持って帰ってきた、箱の潰れた季節限定アイスが、本物の栗みたいな味で美味しかった。そう、もう物を飲み込むことはほとんどできないけれど、アイスの欠片を口の中に入れてもらえばその味と冷たさを楽しむことができる。

一ヶ月後には、皆が僕の誕生日会をしてくれるらしい。人が気にかけてくれるのは素直に嬉しい。まともな会話もままならない僕に、わざわざ会いに来てくれることが、嬉しい。

季節はいつも通りの早さでめぐり、僕は何とか歳を重ねていく。それは疑いようもなく素晴らしいことだ。

だから、まだ生きていこうと思っている。選択肢はないけれど。


僕は今、「死」というお守りを持っていない。いつでも死ねる、という安心感があれば、もっと日々を穏やかに過ごせるはずなのに、それを取り上げられている。むごいことだ。人工呼吸器のスイッチをオフにするだけのことが、法律のせいでできない。

僕はある意味、世界で最も過酷な日々を生きている。しかし、そんな人間だからこそ語れる言葉があるんじゃないかと、今はそう思っている。

お父さん、お母さん。本当にありがとう。あなたたちのおかげで僕はまだ生きたいと思えています。舞。たった一人の妹。兄はお前の将来を本当に楽しみにしてる。

僕のできなかったことをやってほしいとは思わない。舞は舞の好きなように生きたらいい。

そして、僕の日々の命を繋いでくれるあなた。心から感謝しています。恐ろしいけれど、素晴らしい日々をありがとうございます。

『遺書』と名付けた自伝はここで終わります。けれど、これから十年、二十年と生きたら、その時は『遺書2』を出そうと思います。それまで応援よろしくお願いいたします。

伊野久人

私は伊野さんが打ち込む言葉を一つひとつ漢字に変換したり、カギカッコをつけたり、改行したりしながら、興奮を抑えきれずにいました。この本がきっと伊野さんをもっと遠くへ連れて行ってくれると確信せずにはいられなかったのです。素晴らしい作品でした。深すぎるほどの絶望を通して、生と死とに対する胸を打つ洞察が示されています。

それは幸福の再定義とさえ言えるかもしれません。紛れもなく、伊野さんにしか書けない作品です。私はこの作品の執筆に関われたことを心から誇りに思いました。

出版社の担当者に書き上げた原稿を送付して、私はまるで彼のマネージャーのように今後のスケジュールを伝えます。

ゲラが数日内に上がってくるから、それに修正を加えて戻す作業を三往復ほどする。年末で出版社の動きも止まってしまうから、諸々の作業は年を跨《また》いでから。すべての修正を終えた完成原稿の入稿が一月の終盤で、三月頭の出版になりそう――「ちょっと忙しくなりそうですね」と私が言うも、伊野さんは眠ったようにじっとしています。そりゃあ疲れ切っているだろうとも思いましたが、私の興奮は治まりません。それに、今後のことは早めに話しておくべきです。

「出版した後は、発売記念イベントの出演依頼がたくさん来ると思うのですが、どうしましょうか？　リモートで出演するにしても、事前に質問をもらっておいて文章で答えを送るとか。それで、本番中にどうしてもの質問があった時には、時間がかかっても答えるように頑張るとか、そういう方向でしょうかね？」

やはり、伊野さんは黙ったままです。最後まで閉じることのできなくなった瞼は少し開いたままですが、眠ってしまったのかもしれません。私は諦めて、隣室にいる伊野さんの母親に、原稿が書き上がったことを伝えに行こうと思った時、部屋に機械の声が響きます。

「カメラ、回してください」

うっすら開いた瞼の向こうで、眼球が素早く動き文字を入力しています。彼は眠ってなどいなかった。私はそのことに驚きながら、言われた通りにカメラを構えました。

「今から、この前お願いしたことの、細かい方法をお伝えします」

一文字ずつ打ち出されるその言葉は、燃え上がる炎にゆっくりと砂を被せるように、私の興奮を鎮めました。不意に訪れた静けさの中で、後頭部の血管がどくどく脈動する音が聞こえます。

「どのお願いでしたっけ?」

私はまだ微かに燻《くすぶ》る興奮に縋《すが》るように、少しとぼけてそう返しました。伊野さんが私に要求したことなど、一つしかないのにも関わらず。

「死ぬのを手伝ってほしいというお願いです」

「それは、どうしてもですか？」

「はい。どうしても」

どうしても――伊野さんはどうしても死ななければならず、その実行役はどうしても私でなければならない。その五文字の揺るぎなさに、私は強い息苦しさを覚えます。

「カミデさんに疑惑が及ぶことはありません。僕の計画に沿って、少し手伝ってくれればいいんです」

私はカメラを下げました。自分がこれから起こすかもしれない犯罪の導入部分を録画するなんて御免だったからです。しかし、それに気づいた伊野さんは、「カメラを止めないで」と言います。

「不測の事態が起こった時、この映像を使ってください。被害者の同意が無いと殺人罪になりますが、同意を証明できれば自殺幇助罪になるはず。必要になる可能性はありませんが、念には念を。とにかく、どうすれば誰も不幸にならずに死ねるのか、ずっと考えてきたので信じてください。だから、カメラを」

私は言われるがまま、再びカメラを回し始めました。全く優しくない要求の中の優しさに、色々なことの判別がつきづらくなっていたのかもしれません。しかしそれでもまだ、私は首を縦に振るつもりはありませんでした。

「それに」と彼は続けます。

「僕の人生をあなたの作品に使う代わりに、このお願いだけは聞いてもらう必要があります」

それは、伊野さんが初めて持ち出した、取引の提案と言えるものでした。この要求を断れば、今まで長きにわたって撮影してきた映像が無駄になる、それでもいいのか？と、彼は問うているのです。当然そんな事態を招くわけにはいきません。私はここまでおよそ一年間にわたって撮影を続けてきました。プラットフォーム側も、伊野さんのストーリーありきで配信の準備を進めています。それに金の問題があります。この一年間が無駄になれば、私の生活にも、他の制作スタッフの生活にも支障が出てしまう。会社員であれば如何様にも穴埋めができたかもしれませんが、独立している私にそんな余裕はありません。一つの大きな失敗が、即座に致命傷となるのです。

しかし不思議なことに、その脅迫じみた提案を持ちかける伊野さんに対し、私は怒りを覚えることも、恐れを抱くこともありませんでした。彼の苦しみを傍で見続けてきた私は、死なせてくれと願うことに何らの疑問も持ちません。事実、ALS患者の七割が人工呼吸器の使用を拒否し、死に至ってしまうのですから、人工呼吸器の着用を決断し、しばらく命を繋いだだけでも並大抵のことではないのです。そして、彼が初めて挙げた白旗を無視するわけにはいかない——これほど強く優しい人間が、他人にリスクを負わせてでも実現したい願いがあるのなら、私はそれを叶えてあげたいとも思うのです。そしてこの脅迫紛いの提案でさえ、もしかしたら伊野さんの優しさなのかもしれない。自分の意思ではなく、私はあくまでもやらされたのだと今後いつまでも思っていられるように、あえてそんなもの言いをしたのではないか。そんなふうにも思うのです。

そして、伊野さんがたびたび口にしていた話を思い返します。一度人工呼吸器をつければ死ぬことが許されないという状況に陥るのは、法律の欠陥以外の何ものでもない——その逃げ道の無さゆえに、多くのALS患者がもう何年も繋げる命を捨てざるを得ないのですから、その意味では患者をガラスの棺桶に閉じ込めているのは病ではなく、法律であるとも言えるでしょう。

そう、間違っているのは法律なのです。

であればこそ、伊野さんの命をここで終わらせることは、間違っていない。間違っている法律によって苦しんでいる人を救う、ある意味では慈善的行動と言えるのです。

じっと俯いて考えを巡らせていた私が、こうして一つの答えに辿り着いた時、「それではお伝えします」と伊野さんは言います。それはまるで私の思考の過程を外から覗き見ていたかのようなタイミングでした。

そして伊野さんはゆっくりと含めるように、絶命の手続きを説明しました。

使用する薬剤と、その入所方法について。投与のタイミングと、投与後の私の動きについて。

伊野さんは医師ではありませんから、専門知識は持ち合わせていません。代わりに彼が持っていたのは、死に対する執念と、ネット空間を探索し続けるのに十分な時間でした。彼は嘱託殺人や医療現場で起こった殺人事件の記録を調べ尽くしました。報道記事や裁判記録から、真っ当ではなさそうな情報通による考察サイトにまでアクセスし、どうすれば間違いなく心臓を止めることができるのか、そして事件として立件されるに至ったそれらのケースのどのプロセスにミスがあったのか、徹底的に分析しました。そして集められたばらばらのノウハウを、伊野さんは自分が置かれている特殊な状況に照らし合わせて取捨選択し、誰も不幸にならずに自分が死に至るための一本のフローにしたのです。

これほどの情報を集め、計画を立てるのに一体どれだけの時間を要したでしょう。私は機械が読み上げる死の手順に耳を傾けながら、自分は既にその中に組み込まれているのだということを自覚せずにはいられませんでした。

彼は自分の命日を、ひと月後に訪れる二七歳の誕生日と決めていました。それは冗談でも験担《げんかつ》ぎでもなく、大勢がひっきりなしに家を訪れる状況こそ、計画の遂行に必要だったからです。

「それと」と最後に伊野さんが言います。

「今後の原稿の修正、お願いできますか？」

私はもちろんですと答えて、伊野さんの家を辞したのでした。

人を殺すこと

日々は容赦無く過ぎ去り、一月の半ば。その時は来てしまいました。

私は指示された通り、台湾の業者から複数回に分けて仕入れたAとBの二種の薬品（薬品名記載不可）と器具を鞄に忍ばせ、この日伊野家を訪れます。

予期した通り、朝から彼の家は訪問客で賑わいました。誕生日パーティーとはいうものの、伊野さんの部屋はただでさえ広くないうえ、大きな電動ベッドと介護器具がスペースをとっており、一度に入れる人間は多くても三人。一組入って伊野さんと言葉を交わしたら、休憩を挟んで次のお客さんを迎え入れる、という形で会は進んでいきました。それぞれ伊野さんの暮らしを想像して選んできたプレゼントが、一つひとつ枕元に並べられていきます。中学校からの友人は、伊野さんが好きなブランドの野球帽を。二年間だけ働いた職場の同僚たちは、お金を出し合って高級なスピーカーをプレゼントしてくれました。使いようのないゲーム機（まだ手が動くと思っていたのでしょう）を持ってきてしまう人もいれば、結局最も使い勝手の良いAmazonのギフト券を持ってくる人も。そして一人の友人が連れてきた幼い娘がくれた、真っ赤に紅葉した三枚のカエデの葉。秋の終わりに自宅の庭で拾った葉を、伊野さんのために大切にとっておいたのだと言います。私はそんな一つひとつを通して、伊野さんがどれだけ人に愛されていたかを改めて知りました。そして真っ赤なカエデが枕元にそっと置かれた時、私には突然、その様がまるで棺に花を手向《たむ》けているように見えて、不覚にも涙が滲みました。見舞いに来た人たちもつられて涙を流していましたが、私の涙の理由とは、少し違うものだったはずです。

最後の客が帰って行く頃、日はとっぷりと暮れていました。訪問看護師がモルヒネの投与を終えて部屋を去り、私は伊野さんとこの日初めて二人きりになりました。

微睡《まどろ》みつつある伊野さんに話しかけます。

「お疲れ様でした」

反応が無ければ、このまま帰ってしまってもいいのではないか？　と淡い期待を抱いたところで伊野さんの眼球が動き、文字が打ち出されます。

「疲れましたね」

会話は始まってしまいました。

「スピーカー、良かったですね」

「はい」

「良い画もたくさん撮れましたよ」

「良かったです」

「伊野さん、やっぱり愛されてますねえ」

そう言うと、伊野さんの言葉はぴたりと止まりました。

重い沈黙。私の心臓は今にも胸を突き破りそうなほど、ばくんばくんと跳ねていました。そして彼の言葉が、機械の音声を通して語られます。

「お願いしたものは持ってきてくれましたか？」

伊野さんの気持ちは何一つ変わっていなかった。これほどたくさんの友人の愛を受け、それでも彼は生きていこうとは思えなかったのです。

もはや、説得の余地はありませんでした。時間は限られているのです。

私は機械音声を出力するスピーカーのボリュームをオフにし、カメラの電源を切りました。ここから先のことは、誰にも聞かれてはならず、どこにも記録されてはなりません。

「その前に、少し話をしてもいいですか？」

どうしても、伊野さんに伝えておきたいことがありました。彼は沈黙によって、私の話を受け入れることを示してくれます。

「あれから毎日考えました。死ぬ手伝いをしないならドキュメンタリーは作らせないって伊野さんに言われた日から、それがどういう意味なのか、ずっと考えていました。なんでそんな脅迫みたいなことをするんだろうと思ったり、むしろそれは優しさなんじゃないかと思ったり。でも、あれから長い時間考えて、わかったことがあります。あれは伊野さんからの、痛みを共有しようっていう提案だったんだって。違いますか？　それで、それは本当は当たり前のことなんだって気づいたんです。いつまでも傍観者でいるままで、当事者にはなろうとしないで、都合が悪くなると中立だとか適切な距離だとかいかにも正しそうな言葉を並べて、結局は自分が傷つくことは避けて、人の痛みとか苦しみで物語を作る。それが終わったら次の誰かにカメラを向けて、同じことをする。その気色の悪さに、伊野さんは気づいてましたよね」

そこまで話すと、伊野さんはゆっくり「そうかもしれません」と打ち込みます。機械の声はもう発せられません。

「だから伊野さんは、当事者になろうと誘ってくれた。伊野さんが抱えてきた苦しさとしっかり関わるために、死ぬことを手伝わないかと誘ってくれた。私はそう思いました」

伊野さんは沈黙しています。

「だから何を伝えたかったかっていうと、自分も納得して伊野さんの死を手伝おうとしてるってことです。最後に伊野さんの人生の当事者になれることを、嬉しく思ってるって、知っておいてほしかったんです」

「わかりました」

「あ、後、ほんとに最後にですけど」

「はい」

「伊野さんに会えて良かったです。楽しい一年間でした」

伊野さんは黙ったままですが、私はここで彼の言葉が必要だとは思いませんでした。

「始めますか？」

「お願いします」

そして私は粛々と、頭の中で何百回とイメージした死の手続きを踏んでいきました。まず、元々錠剤だった薬品Aを砕いて粉にしてきたものを、ヤクルトに溶かします。ダマが無くなるまで混ぜたら、看護師がモルヒネを投与したのと同様に、胃ろうのチューブからゆっくり伊野さんの体内へ流し込みます。その成分は胃から吸収され、やがて心臓に届くはずです。

私は片手で胃に繋がるチューブを支えながら、自分が意外なほど穏やかな気持ちでいることに気づきました。脳内でシミュレーションをするたびに動悸が起こり、視界が揺れ、手のひらは汗でぐっしょり濡れていたのに、今は違う。どこかふわふわとして、現実感がありません。

伊野さんは薄く開いた瞼の隙間から、じっと天井を見つめています。

一体何を考えているのでしょう。

もしもこの瞬間が合法の範疇《はんちゅう》だったら、カメラを向けて「何を考えてるんですか？」と聞いてみたい。視聴者たちは固唾を飲んで、その答えを待つでしょう――この後に及んでもそんなことを考える自分に、少しうんざりします。

私はカメラバッグから、薬品Bが充塡《じゅうてん》されたカートリッジ式の注射器を取り出します。これを腹に四箇所、両腿に一箇所ずつ打てば作業は完了です。伊野さんの洋服を捲ろうとすると、背中から押し出された空気に真っ赤なカエデが飛ばされました。それを拾い上げ、枕元に戻す。伊野さんの目からゆっくりと溢れ出した大粒の涙が、蛍光灯の光を反射している。その光が私の眼球を通って脳へ直接働きかけ、私に現実の手触りを取り戻させる。私がこの時確かに感じていたのは、罪を犯す緊張や、命を奪う恐怖ではありませんでした。私はただ寂しかった。たくさんの思い出を共有してきた友人が、遠くへ旅立ってしまう。それがただ、寂しかった。

伊野さんはずるいなと思いました。私はまだ泣くわけにはいきません。ここで涙を流せば、この後顔を合わせる家族に何があったのかと訝しがられるでしょう。だからまだ、目を腫らすわけにはいかないのです。

「あ、そうだ伊野さん」

さっき最後と言ったのに、ついまた話しかけます。

「一つ謝らないといけないことが」

伊野さんの目は少しだけ動いたように見えますが、言葉にはなりません。

「誕生日プレゼント、忘れちゃいました」

この計画のことで頭がいっぱいで、プレゼントのことなんて今日ここに来るまで思いつきもしなかったのです。

「椅子、もらったのに。すいません」

「大丈夫」

伊野さんはゆっくりとそう打ち込んで、また黙ってしまいました。モルヒネが効いてきているのでしょう。言葉を交わせる時間はもう、終わってしまいました。

「じゃあ、いきますね」

私は腹に注射器を押し当てます。カチ、カチカチカチ。カチ、カチカチカチ。カートリッジのメモリが減っていきます。そして右の腿、左の腿へ。

私は注射器を使い切ると、急いで荷物をまとめ、切っていた音声用スピーカーのスイッチをオンに戻し、部屋を出ようと扉に手をかけました。

「あ」

背後から耳慣れた機械音が聞こえた気がして、動きを止めます。

「り」

やはり、朦朧とする意識の中で伊野さんが言葉を打ち込んでいるのです。

「が」

私は伊野さんのそばに駆け寄りたかった。けれどそうしたら、もうここから離れられなくなりそうでした。

「と」

私はそこまで聞くと一つ深呼吸をして、「それじゃあまた」といつものように隣室へ続く扉を開きました。

隣のリビングでは、珍しく家族が三人で食卓を囲んでいます。

「今日は流石に疲れたみたいで、ぐっすり眠っちゃってます」

そう報告すると、母親は「そう、それもそっか」と言って私の分の席を空けようとします。

「いえ、今日は僕も朝からずっと撮りっぱなしで疲れましたので、家に帰ります。ありがとうございます」

「あ、じゃぁちょっと持って帰ってもらおうかな」

父親はそう言うと、冷蔵庫からコンビニのゼリーを取り出し、職業柄か丁寧にプラスチックのスプーンまでつけて、ビニール袋に入れて渡してくれました。

私は駅へ続く道を急ぎ足で歩いていました。冷たい一月の風が、顔にびゅうびゅうと吹き付けます。早くこの街から離れたかったのに、駅に近づくとなぜだか電車には乗りたくなくなって、駅の裏側までぼんやりと歩き続けました。するとすぐに丘のように小高い堤防にぶつかります。何だろうと思ってその階段を上がると、大きな川が流れている——荒川だ。そのことに気づくと、あの夏の記憶が濁流となって押し寄せます。伊野さんと二人並んで眺めたあの花火は、この川に浮かべられた台船から打ち上げられたはず。あの明滅する光線と腹を打つような音が目の前に現れて、今にも私を攫《さら》ってしまいそうです。私は流されるまま川に沿うようにして歩き始めました。あるところで伊野さんの家の方角へ折れ、路地へ入り込みます。右へ左へ、記憶を遡上するようにして進んでいく。そして私はあの場所を見つけました。私たちの特等席。空がマンションで半分遮られた、裏路地のドンつき。そこで私は腰を下ろし、あの日花火が上がった空を眺めます。

「椅子使います?」

伊野さんのか細い声が聞こえてくる気がします。

私は握りしめるように持っていた、もらったばかりのゼリーを食べようと思いました。

それはミカンがごろごろ入った、透明なゼリーでした。

小さなスプーンで掬《すく》い上げると、ガラスの破片のようなゼリーの上で、今にもこぼれ落ちそうなミカンの房が、弱々しい街灯の青白い光に照らされて危うく輝いています。落とさないよう、ゆっくり口に運ぶと、懐かしい甘酸っぱさが舌を包む。そしてこの何でもない世界にもう伊野さんはいられないのだと思うと、涙が性懲りも無く込み上げて視界をぼやけさせるのでした。

遠くから救急車のサイレンが近づいてくる気がして、私は逃げるように駅に駆け込みました。乗り込んだ各駅停車の車窓の外に、灰のような雪がはらはらと落ちていくのが見えます。

ああ、伊野さんの取材を始めた日にも雪が降っていたなと思い出した途端、この一年間の記憶が雪崩のように押し寄せてきて、今日はさんざん泣いたのに、私は埼京線の窓に頭を押し付けながら、心の蓋が決壊したようにおんおんと咽び泣いたのでした。

積み上がる成功

近親者のみで執り行われたつましい弔いの現場をもって、『死の肖像　シーズン2』の撮影は終了しました。

あの晩遅く、体調の急変を知らせるブザーを聞いた母親は、ベッドの上で青白くなった息子の姿を発見しました。降雪の影響で出払っていた緊急車両をなんとか呼び寄せることはできましたが、病院に着く頃には既に手の施しようが無かったと言います。私は父親からの連絡を受け、すぐにカメラを持って病院へ駆けつけました。

心臓性の突然死とのことでした。医師は、かつて不整脈が指摘されていたこともあり、なんらかの心臓のトラブルが生じたのだろうと話しました。誕生日で大勢の訪問を受けたことも健康状態に影響した可能性があるとの付言も。伊野さんはきっとそこまで見通していたのでしょう。もちろん、仮に他殺の疑いが生じたとしても、ひっきりなしに人間が出入りしていたこの日に限っては容疑者の特定も容易でなかったはずです。当日までになんら予兆が見られなかったことから剖検《ぼうけん》（解剖して調べること）の可能性を示唆されましたが、母親は断固としてそれを拒否しました。これ以上息子の体を切り刻まないでくれと、ほとんど悲鳴のような声で訴えるのです。「やっと楽になれたね、やっと楽になれたね」と、自分に言い聞かせるように繰り返す彼女の隣で、本当にその通りなのだ、ようやく彼は楽になれたのだと、私は確かに思うのでした。

葬儀は最低限で、伊野さんと本当に親しかった数人の友人だけが、会場となった自宅に招かれました。考えてみれば当然ではありましたが、ほんの数日前に誕生日プレゼントを持ってここを訪れた友人たちが、今度は喪服に香典を携えやってくるのです。「こんな短期間に二回も来させんじゃないよ」とおどける参列者の言葉に、笑って返せる人はいません。中でも伊野さんの妹、舞さんの憔悴《しょうすい》の仕方は尋常でなく、その慟哭《どうこく》と嗚咽《おえつ》を混ぜ合わせたような嘆きの声は、参列者が去った後も止むことはありませんでした。

そして私たち制作チームは怒濤《どとう》の編集タームに入りました。

撮影をしながら緩やかな編集作業はしていたものの、急遽用意された突然の死という結末に向かって、物語を組み替えなければなりません。伊野さんはこの苛烈《かれつ》な運命をどう生きようとしたのか。生きたくとも十分には生きられない、死にたくとも死ぬこともできない状況で、果たしてそれは生きていると言えるのか。私たち制作者が答えを出すことは許されません。それは伊野さん本人か、あるいは見ている人が感じ、考えればいいことです。私たちにできるのは、伊野さんの言葉や、あるいは言葉にもならなかった思いを一つひとつ拾い上げ、彼の温かさと、怒りと、苦しみと、強さを一人でも多くの人に伝えること。そして、きっと彼は幸福にこの世を去ったに違いないと、そこだけは勝手であっても、思えるようにすること。もちろん、伊野さんが最後の最後に幸福だったと思えたかは誰にも知り得ない。しかし、彼は自分が不幸に死んでいった、などとは思われたくないに違いないと私は思うのです。哀れまれることの残酷さについて、私は彼と話したことがあります。だからこのVTRを編集するにあたって私が何よりも優先したのは、彼が憐憫《れんびん》の対象になることだけはないようにという、その一点でした。

ほとんど朝も夜もなく、ベッドで眠ることさえ週に一度か二度で、後はほとんどの時間を椅子に座って過ごしました。伊野さんに送ってもらった椅子は嘘みたいに私の腰に効果覿面《てきめん》で、これじゃなかったらきっと体が悲鳴を上げていたに違いありません。伊野さんはこの瞬間まで見越してこれを送ってくれたのではないかと思うと、心にぽわりと温かさが点《とも》るような気がしました。

春一番が吹く頃、伊野さんがこの世を去るところまでを追った『死の肖像　シーズン2』は無事配信され、シーズン1以上の話題を呼びました。そして、番組の配信と同時に発売された伊野さんの自伝『遺書』は爆発的な勢いで売れ行きを伸ばしました。如何ともし難い不条理に捕らえられた男が、それでも善く生きようと奮闘する姿は多くの読者の心を摑んだのです。番組と自伝は相乗するように、不断に世間の注目を集めていきました。生前は十万人程度だったSNSのフォロワーも、死後しばらくすると三十万人を超え、妹の舞さんがアカウントを引き継ぎ運用することになりました。また、『遺書』の高額な印税が伊野家に納められたのは喜ばしいことのはずでしたが、伊野さんの医療費が家計を圧迫していた時にこそそれは必要だったもので、健康な家族三人が暮らしていくには過剰とも言えました。家族の生活は十分すぎるほど楽になりましたが、父親はそれによって生活を変えようとはせず、少し出勤を減らしたくらいで相変わらずコンビニに立ち続けています。

例に漏れず、伊野さんとの最期の時間を最も長く過ごした人物として、私は種々のイベントに担ぎ出されるようになりました。また、この時から舞さんもまたメディアに露出するようになります。初めは伊野久人の妹として、兄のことを悲しげに語る役割を担わされていましたが、社会情勢から芸能ニュースまで扱うワイドショーに出たのを皮切りに、活動の幅は一気に広がりました。持ち前の繊細な面立ちに加えて、兄譲りのユーモアが画面の中で如何無く発揮されたのです。また、難病で命を落とした伊野久人の妹としてメディアに登場した舞さんは、その物語性も含めて非の打ちどころがありませんでした。舞さんはこの時もう、医療者になる道は捨て、かつて夢見たアイドルとは少し違いますが、タレントとして身を立てることに重心を置こうとしているようでした。ツインテールに少々派手なフリル付きの衣装を着てひな壇に座る様子は、どこかにアイドルへの憧憬を感じさせます。今ではそのビジュアルと聡明な語り口とのギャップこそ、画面の中で彼女を際立たせる強力な要素となっていました。

両親には生活が十分楽になるほどの印税を残し、妹にはかつて憧れた人生を歩むきっかけを与える——伊野さんは自分の死をもって、家族にここまでのことをしたのです。もちろん、私たち『死の肖像』制作チームにも十分な収益を与えてくれました。私は自分の取った行動がゆっくりと肯定されていくような気がして、着実に心の平穏を取り戻していきました。そして、私はこのブームに便乗するように、伊野さんとの最期の日々を綴った自著『遺書の隣で』を上梓。『遺書』ほどではないにしろ好調な売り上げを記録しました。

すべてが順調に進んでいたはずでした。しかし、あるイベントでの出来事をきっかけに、事態は急展開を迎えたのです。

疑惑の浮上

それは『遺書の隣で』の何度目かの刊行イベントで、主催した出版社が私の対談相手として舞さんを招いた時のことでした。互いに多種多様なメディアに出てはいたものの、共演するのはこれが初めて。葬儀の日に憔悴しきった舞さんを見てからは一度も顔を合わせておらず、元気になった舞さんとこういう形で再会できることをとても楽しみにしていました。

前売りで用意されていた三〇〇の客席は完売しており、当日の会場前には立ち見券を手にしようとするお客さんで列ができていました。どうやらこの人の入りようは、今ではイノマイと称されるようになった伊野舞の人気によるものらしく、このたった数ヶ月間で彼女の人生が劇的に変わったことに感嘆せざるを得ませんでした。

「入り口でお客さんに捕まっちゃって、すいません」

イベント開始直前に姿を見せた舞さんは、私の顔を見るなり「お久しぶりです」と笑顔を向けてくれます。あの日ファミリーレストランで向き合った時とはまるで別人で、近づき難く感じさせていた棘は抜け落ち、元気だった頃の伊野さんはきっとこんな感じだったのだろうと思わせる、健やかな空気をまとっています。

満員御礼で始まったトークイベントは、和やかな興奮の中で進んでいきました。家族と伊野さんとの他愛ない思い出。発病当初の伊野さんの苦しみ。そして兄と距離を取るようになった妹が心中に抱えていた葛藤。話は尽きることなく、時間は瞬く間に過ぎていきました。始まるまでは長く思われた一時間半の予定時間も、終盤になると全くもって足りなかったのではないかと不安に感じるようになっていました。

そしてその瞬間は訪れます。話が伊野さんの最期の日に至る頃、延長の可能性について担当者に聞いておこうか辺りを見回した時、私は後頭部をバットで殴りつけられるような衝撃に襲われました。舞さんがこう言ったのです。

「でも私、兄は誰かに殺されたんじゃないかって、たまに思ったりもするんですよね」

その言葉を聞いた瞬間、私の全身の関節は錆《さ》びついたように固着し、心臓はディーゼル車のアイドリングのようにばるばると脈打って、脳は聞いたことのない、虫の羽ばたきのような音を立て始めました。自分の体内から発せられるそれらの音があまりにもうるさくて、周囲の音を聞き取ることができません。三〇〇人以上が同席しているこの場所で、この人は今何を言おうとしているのか。「兄は誰かに殺されたんじゃないかってたまに思ったりする」――彼女は間違いなくそう言った。「兄は誰かに殺された」と、そう言ったのです。私は歯を食いしばり、意識を確かに保ちました。妙な音を立てる脳をフル回転させて、最適な解答を編み出します。

「わかる気がします」

口をついて出たのは、そんな言葉でした。

「直接誰のせいとは言うべきじゃないし言えないと思いますが、でも、彼が背負っていたものを考えれば、そう言いたくなる気持ちもわかります」

彼女の発言でいっときは張り詰めていた客席の空気がふっと緩むのを感じました。うまく切り抜けることができた――ペットボトルを持つ手のひらが汗でぬるぬると滑るのをどうにか制しながら、誕生日に伊野さんの枕元に届けられたたくさんのプレゼントについて話をしようと思った時、彼女はまたぼそぼそとこう呟くのです。

「んー、でも本当に殺されたんじゃないかなって思うんですよねえ」

「それで言うと、よく伊野さんと話してたことがあって」と私は言葉を引き取ります。

「ALSの患者は、一度気管切開をして人工呼吸器をつけると、もう自分の意志では取り外せないんですよね。日本の法律ではそれは積極的安楽死、つまり違法になってしまうと。だから、七割のALS患者は人工呼吸器を着けずに、本当はもっと何年も生きることができるのに死ぬことを選んでしまう。伊野さんはその恐怖に打ち勝って、人工呼吸器を着けたわけですけど、それでもやっぱり、逃げ道、この世から去るという逃げ道が残されていないのは辛いと言っていました。だから、その意味では、日本の法律が彼の心労の原因になっていたことは間違いないんですよね。その心労が、彼の寿命を早めた可能性なんて十二分にあるわけです。だから、彼の早すぎる死を通して、皆さんには今一度、安楽死を取り巻く日本の法律について考えてもらえたらいいなと思っています」

そう言い切ってから、そろそろ時間が来てしまったので本日のイベントは終了となります、とアナウンスし、半ば無理やり会を閉じました。これがこの時の私にできる限界だったと思います。私はすぐにトイレに駆け込み、洗面台に頭を突っ込むようにして、焼けるように熱《ほて》った顔を冷やしました。

一体、あの人は何を言おうとしていたんだ――私の頭はその疑問、いや恐怖でいっぱいでした。

何秒、何分、顔に冷水を浴び続けたかわかりません。鼻の頭の痛みも感じなくなった時、私は意を決しました。

真意を聞いてみよう。

今聞かなければ、きっともう聞く機会はないだろう。聞かずにいれば、私はいつまでも不安感に苛まれるに違いない。そもそも、自分は何をこんなに恐れているのだろう。あのことが彼女に知られているはずがないし、それに、私を疑っていないからこそ、公衆の面前であんなことを言ったに違いない。誰か他に疑わしい人物がいるのだろうか。

あるいは、やはりもっと抽象的な意味で「誰かに殺された」と言ったのかもしれない。それを今、聞いておかなければ。

私はトイレを飛び出し、会場へ戻りました。しかし壇上にもう伊野舞の姿はありません。控え室に向かう道中ですれ違ったスタッフに伊野舞の所在を問うと、「ちょっと前になんか急いで出てっちゃいましたよ！　今日はお疲れ様でした！」と返され、数分前の決意が用を成すことはありませんでした。

会場から駅までの道のりを歩きながら、私は彼女の言葉を何度も何度も反芻《はんすう》しました。

「でも私、兄は誰かに殺されたんじゃないかって、たまに思ったりもするんですよね」

それは決して聞き間違いではありませんでした。何か違う意味で受け取れないか、いくつもの可能性を探りました。あるいは何かを言い間違えてそのような言葉の並びになった可能性は無いだろうか？　電車に乗っている間も考え続けました。しかし、私が話題を逸らそうとした後に呟いた一言が、あらゆる言い間違いや聞き間違いの可能性を拒絶するのです。

「んー、でも本当に殺されたんじゃないかなって思うんですよねえ」

そして、イベントの終わりと同時に、私を待って挨拶を交わすこともなく会場を後にした、その行動。どう考えても普通じゃない。積もる話もあるでしょう。二時間にも満たないイベントで、それも来客の前で話せることなんて限られています。それぞれが知っている伊野さんのことを共有し合うせっかくの機会です。伊野さんの死後、今日までそれぞれの身に何が起こったのか、今後はどうしようと思っているのか、話すことは山ほどあるのです。どれだけ忙しくたって、挨拶くらいは交わそうとするのが普通でしょう。

でも彼女はそうせず、逃げるように去っていった。

その理由は何か。

私は家の近くのコンビニで夜食のおにぎりを選びながら、その実、おにぎりの具材なんて一切目に入っておらず、その理由についてただひたすら考えていました。

彼女が逃げるようにイベント会場から去っていった理由。

それは私とそれ以上顔を合わせたくなかったから。

なぜ、それまで二時間近くにわたって対談をしていた相手と、突如として顔を合わせたくなくなったか。それは、対談の最後に、何かを知ったから。

そう、彼女は最後のあの質問と私の反応によって、私が兄殺しの犯人であることを確信した。

それしか考えられない。

私の頭の中はもう、すべてを知った伊野舞で埋め尽くされてしまいました。

伊野舞は一体どうやって私の関与を知ったのか。あの日、確かに彼女は同じ屋根の下にいた。しかし、私と伊野さんとのやりとりを見たとは思えない。スピーカーは切っていたから声を聞かれてもいないだろう。私はなんらかの痕跡を残しただろうか――いや、間違ってもそんなことは起こり得ない。あの日持ち込んだ器具はすべて持ち帰り、わざわざ酸で溶かして残った薬剤と共にトイレに流した――あるいは、あの日の実行前に、私の所持品を見られたか？　――それもないはずだ。器具と薬品を入れたカメラバッグはいつものように伊野さんの電動ベッドの下に置いていた。私に気づかれず、誰かがそれを引き出して中身を確認するのは不可能だ。この計画を知っていたのは私と伊野さんの二人だけ――ではなかったのか？　他に誰かがそれを知り、そして伊野舞に告げたのだろうか――だとしたら誰が？　伊野さんが誰かにこのことを話したのだろうか。それは絶対に無い、とは言い切れない。二人だけの秘密だと思っていたことが、実はそうではなかったのだろうか。伊野さんに問いただしたくても、彼はもういない。

家に辿り着くと、ちゃぶ台に大きなメモ帳を広げ、ペンを構えました。企画を考えたり、番組の改善策を検討したりする時にいつもそうするように。思考が外に拡張され、可視化されて、整理がつきやすくなるからです。しかし、どうしても、一文字目さえ書き出せません。書くべきことは決まっています。伊野舞のあの発言です。それをこの紙に書きつけ、改めて言葉の意味を具《つぶさ》に検証し、彼女の意図をあらゆる角度から検討しなければならない。しかし、あの言葉を、ここに書きつけることができない。それを紙上に残すことがもう恐ろしい。

今すぐ電話をしなければ――と私は思いました。彼女は今、私を兄殺しの犯人だとほとんど確信しているはずです。となると、誰かにそのことを話そうとするかもしれない。そうなればもう疑惑の伝播《でんぱ》を止めることはできないでしょう。今すぐ彼女に電話をし、誤解を解かなければならない。そう、それは誤解なのです。私は確かに伊野さんの命を奪ったに違いありません。しかし、そんなことを私は全くもって望んでいなかった。伊野さんに請われて、伊野さんを苦しみから解放するために、伊野さんの指示通りに動いただけ。そのことを伊野舞に伝えなければなりません。

私の手元にはそのことを示す決定的な映像データがあります。これを見てもらえば、伊野さんの死は紛れもなく本人が望んだものであり、私はその手伝いをさせられただけだと信じてもらえるに違いない。私は携帯電話を手に取り、伊野舞の電話番号を呼び出します——しかし発信することができない。私は携帯電話を埃《ほこり》まみれのカーペットに放りました。もはや話し合いで解決することはできない。私はそう直感したのです。仮に、私と伊野さんとの間に起こったことを包み隠さず話したとする。秘密を共有してもらえるよう説得するためです。しかしそれは同時に、事実の暴露でもある。紛れもなく、私がこの手で伊野さんの命を奪ったということを、第三者に告白することにほかならない。それはできない。伊野舞がどんな証拠を摑んでいるとも知れぬうちに、こちらから確固たるものを示すなど愚《ぐ》の骨頂《こっちょう》。かと言って、彼女の手札を探ることも不可能です。私のその振る舞いが、彼女の疑いを確信に変えてしまうでしょう。穏当な解決策は存在しないのです。

視界の端に、伊野さんからもらった誕生日プレゼントの椅子が映りました。何かの助けになるかもしれないと、立ち上がってそれに触れます。その時、私の心の中に、全く予期できなかった感情が発火したのです。

私はその椅子を持ち上げ、力いっぱい床に叩きつけました。金属パイプの足が安物のフローリングを深く抉《えぐ》り、バイーンという間抜けな音を立てて震えます。部屋の隅に放り投げると、遠目にもわかるほどひしゃげた足が、二度と元には戻れないとしょげているように見えました。

あの女をどうにかしなければ。

私はこの時、そう考えたのです。

私と伊野さんがせっかく共に築き上げたこのいくつもの幸せを守らなければならない。伊野さんの両親と、私たち制作チームと、そして伊野さんの生き様と死に様を見て勇気を与えられた多くの視聴者、読者の今を、絶対に守らなければならない。伊野さんの介護もろくにしようとしなかった妹が今、兄の死を利用して自分の成功を掴もうとしている。兄は殺されたのだと暴露し、その犯人を晒せば、日本を揺るがす事件になるだろう。あの女の名はこれまでとは比べ物にならない範囲に知られ、正義の人間として賞賛されるに違いない。しかし、そこで利益を得るのはその女一人。そんなことが許されていいはずがない。

あの女をどうにかしなければ。

私はちゃぶ台に広げたメモ帳に、その方途《ほうと》を書きつけました。

番組の企画を考える時のように、伊野舞に対する措置は比較的簡単に発想することができました。この手の目的を達成するのに、拙速《せっそく》は禁物です。一撃で貶《おとし》められるほど、人間は弱くありません。

まず肝要なのは、素地《そじ》を作ること。

伊野舞の発言からなるべく早く信憑性《しんぴょう》を剝奪《はくだつ》します。今後伊野舞がどんな行動に出ようとねじ伏せられるようにするためです。同時に、伊野舞に関する情報を探しに行かなくとも集められるようにします。次の手の材料を十二分に集めるためです。これが今回必要な素地作りになります。そして集まった情報を適宜使用し、二手、三手を打つことで対象を希望の距離まで追放して完了です。まるで料理のレシピを紹介しているような気持ちになりますが、決して腹は満たされません。

そこまで考えたところで、私はなんとか落ち着きを取り戻しました。先々の見通しが立ちさえすれば、人の心は健康でいられるのです。この日は一度眠ることにして、翌日からまた詳細を詰めていこうと思いました。伊野舞に対する怒りも、一晩明ければ変容しているかもしれません。

刺激の不足

ある朝、私は『死の肖像　シーズン3』に向けた立ち上げ会議に、ほとんど遅刻が確定した状態で急ぎ向かっていました。六本木駅を出て、オフィスへ走っている道中の、汗みずくの自分の姿は想像するだに惨めで、人の目を避けるようにと速度を上げてはさらに汗が流れます。

それまで遅刻など間違ってもしなかったのに——あいつのせいで。

私の頭は既に、伊野舞に対する怒りで隅々までいっぱいになっていました。あの日一晩眠れば治まるかもしれないと思った、あの怒り。翌朝、私は自分の中に、夜じゅうかけてむくむくと肥大した、あの女への怒りを実感したのです。それから数日、その感情は無尽蔵に栄養を吸収するがん細胞のように成長を続け、間も無くそれは私の殻を破って外界に露出するのではなかろうかと思えるほどに、体の中をぱんぱんになるまで占領し尽くしたのでした。

あの女が許せない。あの女をどうにかしなければ、私たちの平穏な暮らしは維持できない。

当然ながら、打ち合わせどころではありません。しかし、あの女をどうにかしなければならないのと同様に、目の前の作品作りを続けなければならないのもまた確かです。

だから私は、この朝も家で身悶《みもだ》えしながら打ち合わせの支度をし、しかしやはり上の空だったからか乗るべき電車を間違え、そして遅刻が確定してしまったのでした。

会議室には、私以外の出席者が皆既に着席していました。逆向きの電車に乗ってしまいましたと正直に伝えると、プラットフォームのプロデューサーが「色々考えることが山積してらっしゃるんでしょう」と助け舟を出してくれます。私はその優しい言葉のおかげで幾分心を落ち着けて、会議に臨むことができました。

今回の議題は、シーズン3の方向性について。

シーズン2の撮影中から、ノムさんには次作のためのリサーチと仮撮影（ロケハン）をお願いしていたので、この打ち合わせではその報告と検討を行います。

シーズン1で問い合わせた際にはけんもほろろだった葬儀関連の取材先も、今回は手応えが違います。これもまた、常に手を抜かずに制作してきた作品が説得を不要にした良い例でした。

「個人的にはかなり響いたっす」と、いつもの少し荒っぽい口調でノムさんが見せてくれたのは、火葬場で遺体の焼却を担当する火夫《かふ》と呼ばれる男性を追った映像でした。

その男性は灼熱《しゃくねつ》の炉室《ろしつ》で一人、命を護るために装置から送出される冷風を背に受けながら、ずらりと並ぶ十基の炉を睨《にら》みつけている。時おり覗《のぞ》き窓から炉の中を見ては、火炎を噴き出すノズルを操作し、遺体が均一に焼けるように調整する。橙色に照らされるその顔には、汗が玉になって吹き出しているのが見える。

そしてノムさんが構えるカメラに向かって、その男性は言います。

「綺麗に骨だけを残すのにはコツが要るんです」

ノムさんが頷いているのが、カメラのわずかな動きで伝わってきます。

「火葬は人間にとって最後の、最も平等な手当だと思っています。どれだけ愛された人も、どれだけ憎まれた人も、この炉に入ったら同じです。焼かれて、骨になるだけ。だから私は、すべてのご遺体を最大限丁寧に焼きます。ご遺体の人となりや足跡に思いを馳せることもしません。私はただ焼きます。それが私の仕事です」

そこには明らかに私たちがこれまで持ち得なかった、死を見つめる新しい視座がありました。それは『死の肖像　シーズン3』が扱う題材として実に理にかなっているように思えます。そしてVTRの再生を終えたノムさんは言います。

「なんか、一人の人間の生き方って意味でもかなり食らったっす。吉村さんがこれって決めた、あ、あの火葬の方、吉村さんっていうんすけど、吉村さんが決めた、ここに来る全員を綺麗に焼くんだっていう信念みたいなやつに、食らったっす」

例えば連続殺人犯の遺体が運ばれてきても変わらず焼くのかとノムさんが聞いた時、吉村さんはこう答えます。

「どんな悪人でも美しく焼かれる権利はあります。その犯人に殺された被害者と同じように焼きます。もしかしたら助産師さんも同じような感覚だったりしませんかね？　その親がどんな人間でも、生まれた世界がどんな状況でも、この世に生まれ出てきた瞬間だけは、自分の手の中で愛を感じてもらいたいって。なんて言うと助産師さんに怒られますかね。死体と一緒にするな！　って。私たち、嫌われてますからね。火葬場ができるとなると、地域住民の反対運動が起こるんですよ。ではそう言うあなたをどこで燃やしたらいいんですか？　って思いますけど」

興味深い話です。死が平等であるべきだという信念を持つ吉村さんと、しかし死は穢《けが》らわしいと考える住民との軋轢。私たちの伝えたいメッセージが、彼らの擦れ合いから浮き上がってきそうです。

しかし、何かが足りない――私はノムさんが再生するＶＴＲを見ながら、その思いをどうしても振り払えずにいました。

「これじゃあ見てもらえない」

私の口から出たのは、乾き切ったそんな言葉でした。

「『死』を見つめる新しい目線として興味深いのは確かです。火葬場の作業や、火夫の方の考え方なんて全然知りませんでした。だけど、皆さんももしかしたらわかってるかもしれませんが、やっぱり何かが足りないんです」

それは端的に言って、刺激です――そう言った時、プラットフォームのスタッフが揃って首を縦に振ったのに対して、ハッシーやノムさん、津村さんの表情が曇るのを、私は視界の端で認めました。しかし、私はそこで止まろうとは思いません。

「どれだけ大層なことを言っても、どれだけ見るべき映像だなんて言っても、結局見てもらえなかったら何の意味もないんです。映像制作者の存在意義がなくなっちゃうんです。見てもらうためには、刺激が必要なんです」

私が「刺激」と言うたび、そこにいた全員の脳裏に、これまでのシーズンの中で命を落としていった人たちの顔が浮かんだはずでした。刺激とはすなわち、誰かが死んでいくこと。カメラの前で人が死ななければならないとはもちろん言いません。しかし、私が言ったのはほとんどそういうことでした。それ以外の刺激の作り方があるのなら持ってきてくれ――そういうことを、私は言ったのです。刺激中毒に罹っているのは私ではなく視聴者です。私たちのドキュメンタリーを一人でも多くの人に届けるため、ひいてはより良い世界の実現のために、刺激を求めるのは不可欠なことでした。

私は六本木のオフィスを出ると、タクシーを拾いに大通りへ駆けていきます。早く手を打たなければならない――私は本当のところ、ドキュメンタリーのことなど考えていられる状態ではありませんでした。一刻も早く伊野舞をどうにかしなければ、私はこの不安と怒りで破裂してしまう。だから早く家に帰って、作戦を詰めなければ――そう思った矢先、背後から「カミデさーん！」と呼ぶ声が聞こえました。

走ってくるノムさんの姿が見えます。

「ちょっとほんと、一瞬いいすか？」

ノムさんは息を切らせてそう言います。私は本音を隠して、「全然いいですよ」と返し、タクシーを止めようと上げていた手を下ろしました。

「吉村さん、やっぱダメすか？」

「吉村さんって……」

「あ、さっきの火葬の人です」

「あ、すいません。そうですね、めちゃくちゃいいんですけど、シーズン1、2って見てきた視聴者の期待に応えないといけないので、すいません」

「そうですか……」

ノムさんはそう言って言葉に詰まりました。この人はさっき会議室で交したのと同じやりとりを繰り返すためにわざわざ追いかけてきて、私を呼び止めたのでしょうか？

「なので、葬儀関係でもう少しできることを探すか、他の取材対象を探すかじゃないですかね？　申し訳ないんですけど」

するとノムさんが、何かを堪《こら》えるような表情で言います。

「カミデさんはそれで大丈夫そうですか？」

カミデさんは大丈夫か？　大丈夫だからそう言っているのに、この人は何を言い出すのでしょう。あなたの方こそ大丈夫でしょうか。私は早くタクシーを捕まえたくて、無駄なやり取りにやきもきしています。

「ちょっと次の打ち合わせ間に合わなくなっちゃうので行きますね？」

私はそうして目の前にやってきた流しのタクシーに飛び乗り、家路を急ぎました。路肩に立ち尽くすノムさんの視線をいつまでも感じていましたが、決して振り返ろうとは思いませんでした。

そしてその夜、私は行動に出たのです。

処理

私はこれまでに取材で関わってきた反社会的勢力構成員のうちの一人と連絡を取りました。彼の名は高井さんと言います。高井さんにアクセスしたのは、彼が今、巷間を賑わすSNSの私刑執行人と深い繋がりを持っていたからです。ここで言う私刑執行人とは、フォロワー一〇〇万～三〇〇万人を擁するインターネット上の存在で、芸能界の著名人から政治経済界の要人まで幅広い層を標的に、彼らの後ろめたい秘密を暴露する人たちのことです。彼らに特徴的なのはまず、その他のメディアで取り上げるには到底証拠が足りないような事案でも、疑いベースの語り口で躊躇《ちゅうちょ》なく投稿すること。ギリギリで訴訟を免れるそのやり方には感心さえ覚えます。多くの傍観者たちが、「すぐに名《めい》誉《よ》毀《き》損《そん》で逮捕されるさ」などと高を括っていましたが、どっこいいつまでも生き残っているのが彼らの賢さ、強《したた》かさの証左と言えるでしょう。重要なのは、執行人もそのフォロワーたちも、暴露された内容の真偽などどうでもいいと思っていることです。そんなことよりも、その投稿によって金持ちや人気者たちが失墜していく様を見たいのです。ゆえに誰かの人生をしゃぶり尽くして味がしなくなればすぐに次のターゲット、次のターゲットと、真偽の確認などしている暇はありません。続いて重要なのは、一度軌道に乗ったアカウントには、待っているだけで情報が集まってくるということ。どんな著名人も、人と関わらずには生きていけません。人と関われば、情報は抜けていきます。抜けた情報は、その人物の社会的地位が高まるほどに、どんな些細なものでも価値を持つ。言わずもがな、それが人に知られたくないようなことであればあるほど、価値は高まるのです。仮に名声を得てからは交友関係に気をつけていても、そうなる前はどうでしょう？　人に知られてほしくないようなことを、容易に誰かに喋ってしまったり、見せてしまったり、場合によってはその現場の姿を撮影されてしまったりしたこともあるのが人間です。そして、嫉妬心で如何様にも化けてしまうのもまた悲しき人間の姿。かつて遊び仲間だった友人が突然人気者となり、例えば飲みに行こうと誘っても来なくなったら。かつて馬鹿にしていた後輩が突如金持ちになり、自分が小遣いをためてようやく手にしようとしているものを、ＳＮＳ上で嘲笑《あざわら》っていたら。人はその時、手元の写真フォルダの中から、彼の人生を貶められる一枚を探し始めるかもしれない。人間とはそういう生き物です。そしてそういう人間のグロテスクな欲望を受け止めるのが、ＳＮＳ上の私刑執行人というわけです。私刑執行人として名を揚げ、フォロワーが増えれば増えるほど、暴露の効果は高まる。その執行人の発信を、週刊誌やテレビが扱わざるを得ない状況にもなる。そうなったアカウントには、様々なターゲットの情報がひっきりなしに持ち込まれる。そしてそれを発信すればさらに人気は高まり、さらに情報は集まる――天井知らずの成長を続けているのが、私刑執行人なのです。善悪の判断を留保したうえで言えば、彼らこそ、令和初期の日本を象徴する存在だと、私は思います。

さて、かつて私の取材を受けてくれた反社会的勢力構成員の高井さんは、すぐに私とその男（X）を引き合わせてくれました。この時も、やはりこれまで誠実に人と向き合ってきたからこそ協力してもらえるのだと改めて実感しました。

引き合わせるとは言っても、実際に顔を合わせることはありません。SNSのダイレクトメッセージでやり取りをするだけです。もちろん、仲介人を挟まなくともメッセージを送ることはできますが、案件が案件なだけに、どこで足元を掬われるかわかりません。こちらの安全を保証する人間を間に挟むのは重要な手続きの一つだと考えました。

私は自分の行為については当然秘匿《ひとく》しながら、兄の死を利用して自分だけが利益を独占しようとする伊野舞の口を封じたい旨を伝え、手持ちの情報、資料をXに送りました。

まずはざっくばらんに、こういう時にどうしたら良いかを相談させてほしいと伝えると、次の通り返事が来ます。


初めましてXです。お話は高井さんから聞いてます。

確かに、アイドル志望の目立ちたい女の独断で、ご両親の平穏が壊されるのは止めたいですね。

この後の動きについて説明します。

まず、送ってもらった伊野舞のアイドル時代の写真を使って、整形疑惑を出します。実際は多分してませんが、見え方が違う写真を選んで少し加工すればみんな信じます。加工はバレません。後で元の写真を出されても、そっちが加工だろって話になるので。過去にも例があるので問題ないと思います。名誉毀損で訴えられることもほとんどないと思います。向こうにメリットがなさすぎるので。仮に訴えられて損害賠償を払うことになっても、大した額にはなりません。

つぎに、パパ活疑惑を出します。この歳のアイドル志望の子は大体小遣い稼ぎで撮影会とかそれに近いことをやっているのと、少し調べただけでもありそうな情報が出てきたので、整形疑惑を出したら自然にその辺の情報も集まってくると思います。

振り込み確認できれば明日にでも作業入ります。よろしくお願いします。

そのメッセージを受けた私は、この人に依頼して良かった、と思いました。具体的なプランを、それも二段階で提示してくれています。それに、まだ私も知らなかったパパ活の情報まで集めてくれたのです。私はすぐに、入金されたばかりの著書の印税を横流しするかのように、高級車を一台買ってもまだ余る金額をXの口座に送金し、仲介料としてその半分に当たる金額を高井さんにも支払いました。これで心を圧迫する原因が取り除かれるのだと思えば、高くも感じませんでした。

三日後、伊野舞の美容整形疑惑が発信されました。

脆そうに繊細な面立ちが評価されていた伊野舞だったがゆえに、投稿は急速に拡散されました。予想外だったのは、整形したのか？　していないのか？　の議論に家族が巻き込まれてしまったことです。ドキュメンタリーに登場する両親、伊野さんのシーンを切り出して「似てる？　似てない？」と論じるYouTubeチャンネルなどが散見されるに当たって、私は虫唾《むしず》が走るような気持ちになりました。
しかし、伊野舞は一枚上手だったと言えるでしょう。彼女は何の謂《いわ》れもないはずのその投稿を引用する形でこう発信したのです。

私が整形していようがしていまいが、本当にどうでもいいことじゃないですか？　人間は日々変わります。心も変われば体も顔も変わります。一生懸命お金を貯めてメスを入れることだって、その変化の一つに過ぎません。ダイエットとかわらない。私自身が整形をしてるかしてないかなんてここでいう必要もない。今の私と、これからの私を見てもらえればいいから。

この投稿は、Xのものより遥かに多くの関心を集めました。伊野舞のフォロワーも万単位で急増し、むしろ彼女の宣伝にしかなっていないように見えました。しかし、これさえもXの想定通りだったようです。
私は不安に陥り、Xにメッセージを送りました。

Xさん夜分にすいません。一回目の投稿ありがとうございます。写真の加工絶妙でしたね！　逆になんですが、伊野舞の返しのうまさもあって、むしろ伊野舞の人気があがっちゃったようにも思えて……。第二弾、問題なさそうでしょうか？

Xは一分もかからずに返事をくれます。

全然問題ありません。どっちかというと願ったり叶ったりで、今回のイノマイのフォロワーの増え方だとアンチも同じだけ増えてます。せっかく潰れてくれると思ったのにって悔しがってる人がめちゃくちゃいるので、次の投稿の反響は相当大きくなると思います。というのと、パパ活の強めの垂れ込み来てるので問題無いです。

Xの策は抜かりありませんでした。第一報のわずか一週間後に放たれた伊野舞のパパ活疑惑は、整形疑惑の時のそれとは比にならない速度、規模で広がっていったのです。

投稿に使用されたのは、年端も行かない伊野舞と男性が肩を組んで収まっている一枚の写真でした。場所は一目見て、大型チェーンのカラオケボックスだとわかります。男性の顔にはぼかしがかかっていて人物の特定はできませんが、世間一般が思うデフォルメされたアイドルオタクとは異なり、ごく一般的な青年のよう。この写真は、この男性本人からXの元に送られてきたものでした。男性は、伊野舞がアイドルを目指していた時代の熱狂的なファンだったと言います。写真が撮られたのは個人撮影会と言われる名ばかりの撮影会の最中。一般的にその実態はアイドルが収入を得るための有料デートで、一時間単価二〇〇〇円から四〇〇〇円と言われており、内容は喫茶店でのお茶から食事、カラオケやその他行楽地への同行など幅広く、申し訳程度に携帯電話で名目上の写真を撮ることでぎりぎり撮影会の体を保っているというのが大体のところ。伊野舞が不運だったのは、この男性に幾らか心を許してしまったことでした。元々は個人撮影会に惜しまぬ金を払うファンの一人だったはずのこの男性は、その下がりきったハードルを易々と越えてきたのでしょう。伊野舞は男性の、本来のサービスの埒外《らちがい》の要求に応えてしまいました。ここでまず、売春の疑義が生じています。そしてさらに不運なことに、兄の発病に際してアイドル活動をやめたことに伴い、面会を謝絶された男は彼女に対して微かな不満を抱えるようになります。しかし、その段階ではまだ問題にはなりません。久人さんの死後、何もなかったかのように（と男はXに送ったメッセージの中で書いています）タレント活動を再開し、テレビに頻繁に出るようになった伊野舞の姿を見て、男性はかつてのように彼女にメッセージを送りました。それは実際、ごくシンプルな応援のメッセージでした。しかし伊野舞はそれに返事をすることもなく、男性をブロックしたのです。Xに言わせれば、この振る舞いにこそ伊野舞の未熟さ、タレントとしての覚悟の足りなさが露呈しているとのことなのですが、まさに男性はここで決定的に拒絶されたことにより、彼女に対する感情は全面的な怒りに切り替わってしまいました。そんな中で整形騒動を目にした男性は、宝物のように保管してあった2ショット写真やこれまでのやり取りの記録をXに提供する運びとなったのです。

直後から、伊野舞をテレビで見かけることは一切無くなりました。もちろん、アイドルが金品をもらってカラオケに行くこと自体犯罪ではありません。それに、仮に肉体関係があったとして（それさえ証明は不可能と言えますが）、本案のように、そこに少なからぬ恋愛感情があり、直接的にその性行為に金銭が支払われていないのであれば、売春の誹《そし》りを免れる可能性もあります。刑事告発されたわけでもなければ、民事訴訟を起こされたわけでもありません。しかし、この疑惑が世に出されてから、どの放送局も彼女を画面に出すことをぴたりとやめたのです。それはいつもの光景でした。このテレビという世界では、真実の如何などどうでもいいのです。それは私刑執行人たちと何ら変わらない。関心事は視聴者がどんな印象を持つかという、それだけ。今回の場合、伊野舞を登場させれば相当量のクレームが寄せられることは容易に想像できました。テレビの前に座り込み、クレームを言いたくてうずうずしている一部の視聴者はその瞬間を心待ちにしているのです。各局とも、そんな人たちに易々と餌を撒《ま》くつもりはありません。ただ粛々と、彼女の出演予定枠を他のタレントに入れ替えていくだけ。代わりなんていくらでもいる。彼女が身を置こうとしたのはそういう世界でした。

私は秋葉原のアパートでひどく軋《きし》むマットレスに横たわり、ぴたりと更新されなくなった伊野舞のＳＮＳを飽きることなく眺めては、いかんいかんと起き上がり、シーズン3のアイディアを練るためメモ帳に向かうのでした。

帰省

また夏がやってきます。一作目の『ドキュメンタリー　死の肖像』が走り出してから、二年半近くが経ちました。思えばほとんど休みという休みを取ることなくここまできたような気がします。トラブルの芽を思いのほか容易に摘むことができ、心に余裕の生まれた私はふと、帰省しようと思い立ちました。

東京駅から北陸新幹線に乗り、実家のある高崎駅を目指します。ものの一時間で到着してしまう距離にも関わらず、帰省するのは四年か五年ぶりでした。取材のために新幹線に乗る時には、車内でも事前準備に追われるのが常でしたから、こうして窓の外をすさまじい速度で流れていく田園風景にぼーっと目を遊ばせるにつけ、これは休暇なのだなとしみじみ感じるのでした。

私が生まれ育ったのは群馬県の高崎駅から歩いて八分程度の住宅街でした。全く同じ形の建て売り住宅がコピーアンドペーストされたように三つ並ぶうちの正面右が、私の実家です。極めて平均的な両親のもと、大きな事件に見舞われることも、これと言った不満を抱えることもないまま大人になりました。強いて言うなら、姉が四十歳を目前に突如離婚し、最近息子を連れて実家に出戻ってきたことが事件と言えば事件でしたが、私がこれまでカメラを向けてきた人々の経験したことからすれば比較にもなりません。

母と姉が食事の支度をする間、私は小学生の甥に、東京から持ってきた土産を渡すことにしました。それはサッカーユニフォームのレプリカで、彼がファンだというイギリスのチームのものを原宿の専門店で買ってきたのでした。ビニールのショップバッグからそれを引き摺り出した甥は「マジかよ!」と大声を上げ、飛んできた姉は「ちょっと、こんな高そうなもの買ってこないでよ」と不平をこぼしつつ「すぐ穴開けないでよー」と言いながら台所に戻っていきます。甥はよれたアディダスのTシャツの上から値札をつけたままのユニフォームを着て、私の知らないサッカー選手の名前を連呼しながらドリブルの真似をしてはしゃいでいます。

家族で食卓を囲むのは、母方の祖父が亡くなった時以来でした。

「なんで離婚したの？」

甥が席を外した隙に、母の作った唐揚げに箸を伸ばしながらそう聞くと、「まあ色々ありますがな」と姉は冷奴に醬油をかけながら変な関西弁で答えます。

「でもあんた、番組も上手いことといって、本も売れてほんとに言うことないね」

エプロンをつけたまま台所と食卓を行ったり来たりしている母が、首を伸ばすようにして話に参加してきます。

「そうだね、ありがたいことに。本何冊か持ってきたから置いていくわ」

「あらそう？　じゃあサインしてってもらおうかしら」

「それより、ひまわり医院の院長、災難だったな」

精密機械メーカーの営業として四十年間勤め上げ、三年前に定年退職した父が言います。

「うん、すごくいい人だったんだけど、運が悪かった」

「でも、番組としてはすごいことになったわけでしょ？」母が被せるように言います。

「そうだね。いろんな賞ももらったよ」

「立派なもんだねえ。父さんビールでいい？」「あ、うん。あ、日本酒飲もうかな」「冷えてるのあったかなあ」「あ、私とってくるよ」

今度は姉が母の代わりに台所へ消えていきます。

普通の家族の、普通の食卓。私は唐揚げと共に、普通というものの味をじっくり噛み締めていました。

席に着いた母が眉を下げて言います。

「あの、伊野久人さん？　も素晴らしい人だよねえ。なんであんな人があんな病気になっちゃうんだろうって、まあそんなこと言っても仕方ないんだけど。それで、でも妹さんが、その舞さん？　が活躍して良かったね。この前もクイズ番組かなんかに出てたのたまたま見て、なんて賢くて可愛い人だろうって思ってたの」

「これでいいのかな？」と日本酒の瓶を手に戻ってきた姉が「でもその子、売春かなんかで捕まっちゃったでしょ？」と何でもないことのように言います。

「え⁉　売春⁉」

母が突然大きな声を出し、隣の父がうるさいなと咎《とが》めるように首をすくめました。母の情報ソースはテレビだけですから、伊野舞の近況については知る術が無いのです。よほどの大物でもなければ、テレビから誰かが姿を消したことに気づける視聴者はそう多くありません。

「いや、売春じゃないし捕まってもないでしょ。パパ活疑惑かなんかだったと思うよ」

私が訂正します。

「でも、そんなの出ちゃったらどうなっちゃうの？　テレビとか出れるの？」

母は本当にショックなことだといった表情で私に問います。

「んー、ちょっと難しいかもね。結構クリーンなイメージで出てきたから」

「あんたなんで笑ってんの？」

姉が突然真剣な表情でこちらを見ています。

「――え？」

「あんたさっきから笑ってない？」

「いや、笑ってないけど」

「笑ってるよ。妹さんの話になってからずっと笑ってる」

「笑う話じゃないじゃん」

「そうだよ。なのに笑ってるから変だって言ってんの」

っていうかさあ、と姉は言葉を続けます。

「なんかあんた顔変になってない？　そんな顔だったっけ？」

「会ったの何年ぶりだよ。そりゃ顔も変わるわ」

「いや、そうかも知れないけど、なんか結構怖い顔してるよ」

「もともとこんなんだよ」

「いや、なんて言うか」

――悪役みたいな顔。と姉が言うと、「なにそれ酷い言い方」と母が笑い「確かに、ちょっと痩せたか？」と父が心配そうな視線を寄越しました。

思春期を過ごした自室で、埃っぽい布団に滑り込むと、鼻に触れたタオルケットから懐かしい匂いが漂ってきます。

そして私は、もっと頑張らなきゃと思うのです。自分はこれほど恵まれた環境で人生を送ってきたのだから、これから全力をかけて世界に還元していかないといけない。世界は目を背けたくなるような不平等で溢れ返り、血で血を洗う紛争が今なお同じこの地球上で繰り広げられている。見て見ぬふりをして生きることもできるだろう。しかし、私はそれを選びたいと思わない。私はそれを知り、そして人に知ってもらいたいと思う。その小さな営みが、この世界に存在する不幸を一つでも減らせる可能性があるのなら、私は人生を賭けてそれに取り組みたいと思うのです。

私は背から首元にかけて力が漲《みなぎ》ってくるのを感じながら、深い眠りについたのでした。

家族の苦しみ

伊野舞の窮状《きゅうじょう》は、彼女の母親から送られてきたメールによって知らされました。番組の配信後もしばしばやり取りをしていた私と母親でしたが、件《くだん》のトークイベントを境に、私から連絡することはできずにいました。なぜなら伊野舞が両親に、私の行い（の疑い）について話していないとも限らなかったからです。しかし今回、久方ぶりに母親から送られてきたメールを読むに、母親は私に露ほどの疑いも持っていないということが明らかになりました。そのメールには、娘の人生を押し流した激流の如き展開に為す術無く、ただ立ち尽くすしかない親の虚しさが叫びとなって綴られています。母親の書くところによると、伊野舞はパパ活疑惑が世に出されて以降、逃れようのない誹謗《ひぼう》中傷の集中砲火に見舞われ、挙句一人暮らしの住所を特定されるに至り、心身が激しく摩耗してしまった。現在は病院で療養している、とのことでした。母親はその状況を嘆き、このように結んでいます。

あれほどすべてが順調だったのに、どうして突然こんなことになってしまうのか理解できません。残された一人娘を、私たちは何が何でも幸せにしたいと思うのに、今は何をしたらいいかさえわからないのです。お忙しいとは存じますが、一度またどこかでお話しできたら幸いです。

私は両親の心労を思うと何とかしてあげたいと思いながら、しかし同時に、伊野舞を確実に落としきったという事実を知ることができて、いよいよ胸を撫で下ろさずにはいられませんでした。そもそもあれは伊野さんの強い願いでした。妹であるお前や家族が果たせない役割を、私が大きなリスクを負って担ったに過ぎません。本来であれば、生涯にわたって感謝されて然るべきことに違いないのですが、「死にたい」という思いを抱いていたことを家族に知られたくないという、こちらも伊野さんの希望によって、秘密を私一人が抱えることになったわけです。にもかかわらず、伊野舞はそんなことも知らずに、伊野さんと私とでどうにか築いたこの平穏な暮らしを壊そうと画策した。だから彼女は排除されるほかなかったのです。それに、長い時間をかけて撮影し、大変な苦労をもって編集してようやく出来上がったドキュメンタリー作品は、今病に苦しんでいる人であろうとなかろうと、世の多くの視聴者に生きることの美しさを知らしめました。それは、伊野さんの著書もまた同様です。しかし、その結末が嘘だったと明かされたら、視聴者や読者たちの気持ちにどう落とし前をつけられるというのでしょうか。私たちには伝えるべきことがある。守るべきことがある。そのために犠牲は必要なのです。

シーズン3の制作に向けて、再びスタッフの打ち合わせがもたれました。今回は私たち現場スタッフのみの参加で、前回の会議を受けて、具体的な取材対象を決めなければいけません。

しかし、ノムさんを始め、ようやく復帰しつつあるハッシーも、作家の津村さんも気になるのは伊野舞のこと。彼らは単に野次馬的な興味を向けているわけではありません。私たちの制作手法では、一つのVTRを完成させるのにチーム全員の力を動員します。ハッシーにはオフライン編集（撮影しただけの生の素材群から、ストーリーテリングに必要な箇所を切り出し並べる作業）の一部を任せ、ノムさんには仕上げに協力してもらい、津村さんにはこれまで通り、仮のVTRが形になるたびに客観的な意見をもらっていました。伊野舞が画面に登場する機会は極端に少なかったと言えますが、それでも私たち制作チームは皆、伊野家に深く寄り添うようになっていたのです。皆でVTRの出来を確認する試写の機会では、ほとんど全員が毎回、申し合わせたように涙を流していたほど。もしかしたら今回は皆、伊野舞本人にというよりは、子を心配する両親に心を重ねていたのかもしれません。

伊野家に何かしてあげられることがないかと、私たちは考えました。莫大な額の印税が入っているはずですから、金銭的な助けは不要でしょう。タレント業での成功を夢みた伊野舞にとっては、テレビへの復帰の道筋をつけてあげることが最も必要だろうと考えましたが、私たちドキュメンタリー畑の人間にできることには限りがあります。バラエティ番組の出演席に彼女をねじ込めるような剛腕プロデューサーはいません。そんな時、ハッシーが意見しました。

「今の彼女をそのまま撮るのはどうですか」

それはつまり、彼女が経験しているジェットコースターのような人生の、最降下点にある今の瞬間をドキュメンタリーで捉えるべきなのではないか、という提案でした。確かに、それは私たちにできる唯一かつ最も効果が見込める彼女への支援です。映像作品として、彼女がいかに愛すべき人間であるかを、その苦しい境遇の中でももがく姿を通して見せることができれば、復帰の道は開かれるかもしれません。それに、伊野さんの作品のヒットから、伊野舞の諸々の騒動と話題性は十分にあり、宣伝の必要もないでしょう。ドキュメンタリーの題材として申し分ない。しかし、当然私は首を縦に振ることはできません。

「実はこの前お母さんから連絡があって」と私は話を始めました。騒動が彼女にもたらした精神的損傷はあまりにも深く、彼女は今入院中であること。とてもじゃないがカメラなど向けていい状況ではない、ということを、いかにも切実そうな口調で伝えました。

「そんなことになってたんですね……」とこぼす津村さんの顔には悲壮感が滲み出ていて、私はなぜだかそれが少しおかしく感じられます。だって彼女がそんな状態になったのはほとんど自業自得です。兄や私たちの苦労にタダ乗りしようとして、その下卑《げび》た根性を露呈した挙句、今度は私たちの秘密を暴露することでさらに名を上げようとした、その貪婪《どんらん》さの成れの果てなのです。するとハッシーが口を開きました。

「なんか、責任を感じますね」

私たちが黙っていると、彼は続けます。

「こんなたられば言っても意味無いのはわかってるんですけど、やっぱり考えちゃいますよね。僕たちがお兄さんを取材しなければ、彼女の人生はここまで劇的に上がりも下りもしなかったんだろうなって。だったら、もしかしたら派手な経験はできなかったたかもしれないけど、元の人生のままだった方が良かったんじゃないかって思ったりします」

私はその言葉を聞いた途端、頭に血がどくどくと迫り上がってくるのを感じました。

こいつはまた、何を身勝手なことを言っているんだ、そう思ったのです。

「それは勝手だよ」と私は言いました。

「今になって、自分だけ『責任を感じる』なんて言い出すのは勝手だと思うよ。ドキュメンタリーの制作者は、初めから誰かの人生に良くも悪くも大きな影響を与える覚悟をもってないとダメなんだよ。後から責任を感じるなんて言い出すのは、その覚悟が無い証拠。ここにいるみんな感じてるんだよ。でもそれを言わずに、じっと心の中に収めて、それでもやるべきことを探して、一つひとつやっていく。それがドキュメンタリーの制作者のマナーってもんだと思うよ」

隙間なく煉瓦《れんが》を積むように、私は言葉を並べました。それはハッシーからの攻撃の隙を作らないためです。私の突然の剣幕に皆は一瞬驚いた顔を見せましたが、ノムさんが「それもそうだね」と言うのを合図に、シーズン3についての議論が始まりました。

この時、私は口の中に、煙のような不快な味を感じていました。なんだか考えるよりも先に、言葉が爆竹のように口から連なって出ていて、果たして自分は本当にこんなことを思っているのだろうかと、ふと疑問に思ったのです。しかし、そんな瑣末《さまつ》なことに気を揉んでいる暇はありません。目の前に迫るシーズン3に寄せられる世間の期待を裏切らないよう、動き続けなければならないのです。

終わりの始まり

すべての終わりは、SNSに投稿された二〇〇文字足らずの書き込みによって始まりました。

それはXと双璧をなす影響力を持つYという男（あるいは女）のアカウントから世に投じられました。Yもまた著名人に関する暴露を生業としている存在ですが、Xとは決定的に異なる部分があります。Xは自らが反社会的な存在であることを隠しもせずに活動しているのとは対照的に、Yは自分が明確に正義の存在であることを主張しているのです。その意味で、XとYはインターネット上の両極の存在として、時には対立し、時には補完し合いながら日本の私刑ブームを牽引していると言われています。その正義の私刑執行人Yが、何の前触れもなく、私に関する投稿を行ったのです。

【悲報】ドキュメンタリー監督カミデ氏、非業の死を遂げた伊野久人の妹・伊野舞の過去をXに垂れ込んで人生詰ませた疑惑。
▼伊野久人さんのドキュメンタリーを撮ったカミデ氏がまさかの仲介人を雇って伊野舞の過去をXに垂れ込み。イノマイの芸能生命に無理やり終止符を打つ。動機不明。（依頼文写真有り）
▼伊野久人の突然死さえ怪しいのでは？カミデ氏なら何でもやりかねないとさらにヤバい疑惑が急浮上。

私がこの投稿を見たのは、ある出版社のトイレの中でした。その時私は、新しく刊行する予定の書籍の打ち合わせに来ていたのですが、会議が始まるや否や携帯電話の震えが収まらなくなり、催したふりをしてトイレに駆け込んだのでした。大勢から届いていていたメッセージは、尋常ならざる何かが起きていることを、その物量をもって知らせてきました。次々に増えていくメッセージの、その時の一番上のものを開いて、私は即座に事態を理解したのです。

復讐《ふくしゅう》が始まった。

私はそう確信しました。あの女が、ついに復讐に出た。あの女以外に、私を攻撃するメリットのある人間などいません。しかし一体どうやって――。私はYの投稿に添付されている、証拠写真と言われているそれを開きました。それは紛れもなく、Xとの仲介を依頼した高井という男に私が送ったメッセージでした。つまり、あいつが裏切ったのです。安全のために仲介を挟んだことが仇となった――私はトイレの一番奥の個室に座り込み、奥歯が欠けるほどぎりぎりと噛み締めました。顚末《てんまつ》はわからない。しかし、何らかのきっかけをもって、伊野舞と高井が結託し、Yを使って反撃の狼煙《のろし》を上げたのです。これはXにとって喜ばしいことなのか、それとも知られたくないことだったのかわかりません。金を積めばこのような案件にも対応するという宣伝にはなる。けれども、真偽の不確かな情報を使ってでも、金さえ払えば見境なく人の人生を壊す手伝いをする存在であることもまた知られてしまう。となると、高井はXと何らかの理由で反目となり、手持ちの情報を使ってYと共に稼ごうと策謀《さくぼう》したのか。あるいは、そもそも善なる存在であるとは言っていないXにとってこれが痛手でないとすれば、三者による共謀ということもあり得る。このカミデ潰しのアイディアを、三人でまるで営業するかのように伊野舞に持ちかけたのかもしれない。そして伊野舞は彼らに金を支払い、今回の投稿に至った——十分あり得る筋書きです。

何分トイレに籠ったかわかりません。三分だったか、三十分だったかさえわからなくなっていました。まずはここを出て、何食わぬ顔で会議に戻らなければならない。私は意を決して個室を出て、洗面台に向かいました。

その鏡に映った自分の顔——。

その顔は、目の前で誰かが拷問される様子を見たかのように、目は大きく見開かれ、顔色は治りかけのアザみたいに青白く、ついさっきまで意気揚々と新刊の構想について話していた人間と同一人物だとは到底思えないものに様変わりしていました。驚きと恐怖。その二つが互いに領土を譲るまいと、私の顔の上で争っているようです。

とてもじゃないがこの顔で会議には戻れない。これで戻れば、何があったのかと根掘り葉掘り聞かれるでしょう。私は会議室で私を待つ担当者に向けてすぐにメッセージを打ちました。大変妙なことですが突如体調が悪化し、打ち合わせに戻ると皆さんに迷惑をかけるだろうからトイレからそのまま帰宅しています。この埋め合わせは近日中に絶対にさせてもらいたい——どんな言い回しでも不可解にならざるを得ないことを受け入れて、私はそう送信し、同時にトイレを飛び出しエレベーターに乗ってそこから逃げ去りました。

どうしよう、どうしよう。

私はすぐに捕まえたタクシーに乗り込み、ひたすら考えました。何か打つ手はあるだろうか。私には相談できる相手がいません。家に着いてもなお、台所に立ち尽くしながら、布団に顔を埋めながら、デスクに座りながら、考え続けました。

打つ手はない。

どこからどう考えても、そう思わざるを得ない。ただし、唯一の救いは伊野舞の暴露だけが取り沙汰されていることです。それに私が高井に送ったメッセージの写真も捏造だと言い切ることが可能です。　黙殺――今できるのはそれしかありません。直接人に聞かれれば、あれは捏造だと言い切る。かと言って、公に声明を出すようなことはしない。態度としては、相手にもしないということでいい。私はそんな根も葉もないデマに取り合っている暇は無いのだ。次の作品を世に出し、人々が知るべき世界や物語を知ってもらうために自分の人生を使わなければならないのだ。そう考えると幾分心が楽になるようでした。自分の使命を理解することは、本当に重要なことなのです。

しかし、そのわずか数日後に、第二砲が撃たれました。いえ、正確には第二砲と呼ぶべきでないかもしれません。なぜならそれはＳＮＳの投稿ではなく、綿密に調査がなされたうえで報じられる某週刊誌による告発だったのです。その内容はもはや逃れようもなく、私が伊野久人の命を奪った嘱託殺人の実行犯であることを物語っていました。

決定的だったのは、一本の動画です。伊野さんに撮るよう指示された、あの動画。私が自分の独断で彼の命を奪ったことにはならないようにと、伊野さんが最悪の事態に備えて私に撮らせた、秘密の動画。どのように伊野さんの命を奪うか、私が伊野さんに指図されている様が映されたあの決定的な動画が、記事と共に世に出されたのです。

何があろうと、そんなことはあり得ないはずでした。

その最も秘匿されるべき動画は、他の撮影素材が収められた記録媒体には保存せず、そのためだけに購入した小型のカードにのみコピーし、自室に厳重に保管していました。

スパイ映画でもない限り、あれが持ち出されるなんてことは万に一つも無い――


ハッシーだ。


混乱する頭の中で、突如私の脳裏にその名前が浮かびました。そして私は冗談でなく、あまりの衝撃に膝から崩れ落ちました。

「ハッシーだ」

今度はその事実を確認するように、声に出して呟きます。

彼しかいない。あの動画を手にする可能性があったのは、ハッシーだけです。私たちはカメラに差し込む撮影用の記録媒体であるＳＤカードを共有しています。一つのプロジェクトが終われば、データは編集用のＨＤＤ（ハードディスクドライブ）やＳＳＤ

（ソリッドステートドライブ）にコピーし、撮影用のSDカードは初期化して、次の撮影に回します。この初期化を私は買いかぶっていたのです。一部の技術者には知られているかもしれませんが、こういった記録媒体内でのデータの削除、初期化、フォーマットというプロセスは概して、実際にはデータを消していません。その後、上書きをしていくことで、完全に消去されるのです。とはいえ、一度初期化したメディアのデータを復旧させるには特殊なソフトや技術が要され、専門の業者に頼めば信じられない額の費用がかかります。テレビの業界にいれば一度はそんな経験をしたことのある人もいるでしょう。とにかく、よほど必要に迫られなければ、一度初期化したSDカードのデータを復旧するなどということはあり得ないのです。しかし、ハッシーはそれをやった。

シーズン2の編集が終わった時、私の手元には撮影で使用した五十枚近いSDカードが残されていました。私はデータをコピーした上で、すべてのカードを初期化し、次の撮影までハッシーに預けていた。そこから、ノムさんの仮撮影用に都度、SDカードが供出されていったはずですが、ハッシーは何らかのきっかけでデータの復旧をしようと思いたった。そしてその中に、あの映像を見つけた。それ以外の可能性は全く思い当たりません。

なぜハッシーがそのような、気が遠くなるほどの時間や資金を要する作業をしようと思ったのかは知る由もありません。私はもうすべてが恐ろしく、誰を信じたらいいかわからず、ただただ自宅に籠るようになりました。それから来る連絡と言えば、進んでいた出版の話や、映像作品の話、講演会の話などがキャンセルされていく、その謝罪交じりの報告ばかり。私はテレビを見ることも、携帯電話を見ることもできなくなりました。一日中、ベッドの上から動くことができません。一度だけタクシーでコンビニに行き、トートバッグに入るだけのカップラーメンを買って帰りました。腹が減ったらそれに湯を入れて食べます。しかし、湯を沸かしている間に台所で立っていることさえ辛くなってしまいました。もう、病院に行かないといけないかもしれないと思ったある朝、警察官が私の部屋の扉を叩いたのでした。

拘置所にて

私は今、東京拘置所で自らの裁判を待ちながら、これを書いています。獄中記、と言えば迫力があるかもしれませんが、まだ刑務所ではなく拘置所で、有罪判決が出てもいませんから、あくまでも未決囚《みけつしゅう》の手記と言うにとどまらざるを得ません。自由はありませんが、皆さんが想像するほどひどい環境でもありません。もちろん、判決が出て、刑務所に移ってからはまた事情が違うと思います。

容疑は嘱託殺人です。

被害者の依頼を受けて殺人を行った罪に問われています。

起訴事実について争うつもりはありません。嘘をつくのにはいささか疲れてしまいました。弁護士によれば、殺害行為が事実である以上、これまでの判例に従えば実刑は免れないけれど、目的が金銭でもなければ快楽でも、もちろん怨恨でもなく、偏に被害者の願いに応えようとしただけだったのが明白であるから、刑期は三年程度に抑えられるだろうとのことでした。私は確かに人を殺めてしまいましたが、しかし伊野さんが生前言った通り、法律の欠陥によって私が手を下さざるを得なかったのもまた事実です。本案で私を有罪とすることはすなわち、伊野さんに死を選ぶという自己決定の権利を認めないことを意味します。これは憲法違反の可能性が否定できないことから、弁護士は殺害行為を認めたうえで、無罪を主張することも視野に入れているとのことでした。こんな状態になっても助けてくれようとする人たちには、どれだけ感謝しても足りません。

独居房の静けさの中で、よく考えることがあります。

あの日、警察官によってアパートのドアがノックされた時、私の心に去来したあの感覚の正体について。雪崩れ込んでくる警察官たちの体温の波に揉まれ、手錠の冷たさを手首に感じながら、私は妙な感覚に襲われていました。恐怖でも怒りでも悲しさでもないその感覚が一体何だったか、上手く言い表すことができずにいます。

拘置所での規則正しい生活は私の心に健康をもたらし、熟考の余白を与えてくれました。心が凪《な》いだように感じられるのは久しぶりのことです。私自身の行動を改めて振り返り、その意味について幾度も思考を巡らせました。そしてどれだけ自問自答を繰り返しても、やはり伊野さんをこの手で殺めたことが、間違ったこととは思えないのです。私が伊野さんの依頼を断れば、彼はそれから何年続くか知れない苦しみに耐えなければなりませんでした。私は伊野さんにとって一艘しかない船だった。私が彼を安楽の世界に連れて行かなければ、彼は残りの生涯を地獄で生き続けることになるのです。そうすることが正しいとは、どうしても思えない。裁判所がどのような判断を下すかはまだ予想もつきませんが、この事件によって安楽死と言われる行為の是非について健全な議論が起これば、法改正にも繋がるかもしれない。そう考えると、私がここでこうして身柄を拘束されている不条理にも納得できるような気がします。

逮捕されてから一ヶ月だったか、二ヶ月だったかが経った頃、面会に来た男がいました。

私は透明の仕切り板の向こうで刑務官に促され着席するその男の姿を、ただ呆然と見つめていました。

男の名は橋下淳。ハッシーです。

なぜハッシーがここに来たのか、私にはよくわかりませんでした。私の逮捕に至る決定的な動画を週刊誌に渡したのはハッシーに違いありません。それなのにどうして。怒ることもできず、私はただ驚くばかりでした。

私たちはしばらく黙ったまま、どこに目をやったら良いかもわからず、キョロキョロと相手の胸元や、肩や、襟元の辺りを見ながら、時折目が合いそうになるとさっとそらします。そしてハッシーはようやく、その口を開きました。

「別人みたいですね」

笑っているのか嘆いているのかわからない表情でそう言います。

「そりゃ、こんな所にいたら変わるよ」

私は嘲るように返します。

「いや、そうじゃないです。カミデさんはもっと前にもう別人みたいになってました。逮捕されて、昔のカミデさんに戻ってくれているかなと期待して今日は来たんですけど、ダメみたいです。今顔を見てわかりました。昔のカミデさんはここにはいません」

失礼しました、と言ってハッシーは席を立ちます。

「ちょっと待ってよ」私は彼を見上げるような格好で呼び止めます。

「わかるように言ってくれよ」

ハッシーはわずかに逡巡《しゅんじゅん》の表情を見せると、再び椅子に腰を下ろしました。

「カミデさん、自分が起こした事件のおかげで安楽死の議論が進めばいいとか思ってませんか？」

「まあ、それは実際そうだから」

「そうかもしれませんね。でも、だからといって伊野さんを殺したカミデさんが許されることは無いんです。それは別の話だと思うんです」

ハッシーが私に意見するようになったのはいつからでしょう。純粋なのは結構ですが、ハッシーの発言は社会の複雑性を丸切り度外視していて、いかにも正しく聞こえる一方で現実から乖離《かいり》しています。私が少し億劫《おっくう》そうな顔をすると、彼は続けます。

「カミデさんがよく言う正義って、何のことですか？」

その問いに、私はすぐには答えられずにいました。正義とは何か。

「先に僕が思ってることを話してみていいですか？」

私が「どうぞ」と言うと、ハッシーは一つ深い呼吸をして、言いたくないことを言わなければならない人間特有の表情でこう話すのでした。

「カミデさんにとっての正義っていうのは、自分を安全圏に置くための道具なんです。カミデさんは自分の欲望を満たすために、正義を使ってるだけです。その正義は誰かのためのものではありません。自分のためのものです。カミデさんがよく言っていたように、正義の形なんてどうにでも変わります。だからカミデさんは、いつも自分の都合の良いように正義を組み替えて使ってたんです。その結果がこれです」

ハッシーは丸めた拳でこつんとアクリル板を打ちました。

「法律の欠陥を取り上げて自分の犯罪を正当化するのは、つまらないコソ泥と一緒です。彼らは政治が悪い、社会が悪いと言って盗みを繰り返すんです。僕だって法律のせいで苦しい思いをしました。今でもしてます。結婚できないなんて正直いまだに意味がわかりません。でも、だからと言って犯罪をしていいなんてことにはならないんですよ。それは、僕の母親に手を上げた男を認めることになります。めちゃくちゃダサいですよそれは。どこに正義があるって言うんですか」

私はハッシーの目に捉えられながら、その話を聞いています。

「拘置所って鏡無いんですか？」

「無いよ」

「そうですか。カミデさん今、すごい顔してますよ。化け物みたいです。ご都合主義の正義に乗っ取られて心を失った化け物です」

彼の言っている言葉の意味はわかります。しかし、それが上手く入ってこないのです。

正義を使う？　ご都合主義？　化け物？

なんだか、逮捕されて辛いはずの人間に結構ひどいことを言うなあ——私はそんなようなことをぼんやり考えていました。するとハッシーの目から涙が一筋流れ落ちます。

「なんでハッシーが泣いてんの」

「カミデさんが泣いてるからですよ」

そう言われて初めて、私は自分の頬を涙が流れていることに気づきました。驚いて俯くと、顎に溜まっていた雫がぼたぼたとズボンに落ちて黒い滲みを作る。凪いでいたはずの心が今大きく波打っているのを感じる。そしてその時私は理解したのです。警察官がアパートの扉をノックした時のあの感覚の正体を。あれは深い安堵《あんど》だった。朝の光と共に、ドタドタと侵入してきた制服の警察官たちが、私には天国に誘う天使のように見えていた。もしかしたら、私はどこかでもう、誰かに止めてほしいと思っていたのかもしれません。このままいけば大変なことになると、どこかでわかっていたのかもしれない。けれど、結局間に合わなかった。私はいつの間にか化け物になってしまっていた。

それで今、ここにいるのです。

「安田さんに会ってきましたよ」

私はそれに何と返したらいいのかわかりません。

「謝ってきました」

私はゆっくり頷きます。

「安田さん、言ってくれましたよ」

ハッシーはそう言うなり俯いて、体の中の何かを押し込めるように肩を振るわせています。なんて、安田さんはなんて言ったの？　――そして彼は充血した目をぐっと私に向け、言いました。

「気にするなって。お互い、できること全部やったんだからって」

私はもう感情が溢れるのを止めることができず、アクリル板に額を押し付けるようにして体をなんとか支えながら、喉を引き攣らせて泣きじゃくりました。なんで、なんで――私の口はそのように動きましたが、言葉にはなりません。

ああ、私はあの時すでに道を踏み外していたんだ。

ハッシーは自分が図らずも加害者になってしまった可能性に思い至り、安田さんに謝りたいと心から願った。しかし、私はそれを止めた。謝罪には何の合理性もない、私たちが負った使命の遂行のために、苦しくても謝罪をするべきではないと、彼を言いくるめた。そして彼の心の中に、大きな傷とともに疑念の萌芽《ほうが》が宿された。そしてそれは時を追うごとに大きく育ち、最後は私の人生の幕引きとも言える一手を担うに至った。彼の誠実さの前に、合理性だとか、番組の使命だとか、そんなことは塵ほどの意味も持たないのだと、その時の私には理解できていなかった。

「本当に、申し訳ない」

私は嗚咽の間から何とか搾り出すようにそう言いました。私には大切にすべきものが何か、一つもわかっていなかった。ハッシーの言う通り、私は使い勝手の良い大義を振り回し、そばにいてくれる人たちを切り刻みながら、見えない何かを追いかけていた。

ハッシーは震える肩で一つ深い息を吸い、ゆっくりと吐きます。

「でも、カミデさんには本当に感謝してます」

「うん」

「あなたのおかげで、ここまで来れたと思ってます」

「うん」

「だから、変わっていくあなたを放っておけなかった」

そう言うと、ハッシーはおうおうと声を上げて泣き崩れるのでした。

あとがきにかえて

カミデ氏はその後懲役二年三月の実刑判決を受け、東京から遠く北へ離れた刑務所に服役しています。弁護士は控訴を勧めましたが彼はその提案に応じず、言い渡された刑期を全うすることを選びました。

ハッシーこと橋下ディレクターは今、伊野舞さんにカメラを向けています。しかもそのカメラは、カミデ氏が逮捕されることになるより前から回されていました。橋下ディレクターが決定的な証拠となる映像を発見し、舞さんに見せに行くところから、私刑執行人Y氏との共謀、週刊誌への持ち込みまで撮影されていたとあって、制作中にも関わらず作品に対する期待が口々に話されています。舞さんはその後、休学していた専門学校に戻り、改めて医療者の道を志しているとのこと。カミデ氏やXを相手取った名誉毀損の損害賠償請求は行わず、次のような声明を残してSNSのアカウントを閉鎖しました。

カミデさんが進んで兄を殺めたとは思っていません。むしろ本音を言えば、兄の願いを聞いてくれたことに感謝している部分もあります。でも彼の行為が、私たち家族がいつか揃って食卓を囲める日が来るかもしれないという、その希望を消してしまったことは事実です。だから私は今後も彼を許すことはできないでしょう。
私は私の人生を歩んでいきます。兄がそう言ってくれたように。

一方、安田元院長は徳島県の実家に帰ったものの、担い手のいなくなった小さな訪問診療所を引き継ぎ、相変わらず駆け回っているとのこと。事件後しばらくは休んでいましたが、住民の高齢化と医療需要の高まりに対応しきれない地元の状況を知り、そのタイミングで診療所の引き継ぎを懇願されたために、当然の如くつい受け入れてしまったのだそう。橋下ディレクターの元に送られてきた色も形もバラバラの徳島産野菜に添えられた手紙には「そんなつもりはなかったのですが、人生最後に、ようやく地元のためになれそうです」と書かれていました。実に安田さんらしいなと、ディレクターの野村さんや作家の津村さんと笑い合ったとのことです。それぞれがそれぞれの人生を、再び進めようとしています。

ところで、最近カミデ氏から手紙が届きました。彼は刑務所の中で次作ドキュメンタリーの構想を練っているそうで、出所したらすぐにでも撮影に入りたいと書いています。シリーズタイトルは『ドキュメンタリー　正義の肖像』。政治家や活動家、あるいは自ら革命家と名乗る人々の掲げる正義から、市井の人々が日々の暮らしの中で養い発揮している正義の有様までを描くのだと、筆圧強く語っています。

さて、その手紙の最後に、本書の読者諸氏に対するメッセージが収められていましたので、それをここに転載して終わりとさせていただきます。

ひとつだけ、どうか忘れないでほしい。
何よりも大切なのは心。
目の前の誰かの、あるいは隣の誰かの、
そして何より、あなた自身の心だということを。

上出遼平

装幀：木庭貴信＋青木春香（オクターヴ）
医療監修：石山雄太
組版：キャップス
校正：麦秋アートセンター
編集：立原亜矢子

JASRAC出2400740-401

上出遼平（かみで・りょうへい）

1989年東京都生まれ。テレビディレクター、プロデューサー、作家。2011年テレビ東京入社。ドキュメンタリー番組『ハイパーハードボイルドグルメリポート』シリーズ（Netflixにて配信）の企画、演出から撮影、編集まで制作の全工程を手掛け、同番組はギャラクシー賞を受賞。音声のみで制作した同番組Podcastシリーズ（Spotifyで配信）はJAPAN PODCAST AWARDS大賞を受賞。2022年6月テレビ東京退社後、ニューヨークに拠点を移す。著書に『ハイパーハードボイルドグルメリポート』『歩山録』など。

ありえない仕事術
正しい“正義”の使い方

2024年2月29日　第1刷
2024年6月10日　第5刷

著者　**上出遼平**

発行者　**小宮英行**

発行所　**株式会社徳間書店**
〒141-8202
東京都品川区上大崎3-1-1
目黒セントラルスクエア
電話　編集（03）5403-4344
　　　販売（049）293-5521
振替 00140-0-44392

印刷・製本　**中央精版印刷株式会社**

本書の無断複写は著作権法上での例外を除き禁じられています。
購入者以外の第三者による本書のいかなる電子複製も
一切認められておりません。
乱丁・落丁はおとりかえ致します。

©Ryohei Kamide 2024, Printed in Japan
ISBN978-4-19-865743-7